POR QUÉ EL DÉFICIT DE ATENCIÓN EN ~ LOS NIÑOS

Manual escrito por Shari St. Martin, Ph.D., ATR

ABC
International

Diseño
Portada: Ana Ramos
Interiores: Rubén Páez Kano / Francisco Tabares
Traducciones y servicios: Francisco González / Esther Zataraín de G.

Primera edición en español, octubre de 2003
ISBN: 1-871031-33-8

Impreso y hecho en México
Printed and made in Mexico

En memoria de mi madre Malekheh

Agradecimientos

Primero quiero agradecer a mis grupos de profesionistas de la Universidad De Sonoma, California

A Mi madre espiritual Suzanne Lovell, Ph. D., ATR, BC.

Mi Guía y esencia de mi trabajo Eleanor Criswell Hanna Ed. D.

A todos los investigadores que me apoyaron en mi Trabajo en las escuelas en especial al Rose Bruce Ph. D., Richard Carolan Ed. D., Claudia Ronaldson Ed. D., ATR, BC.

A todos los que participaron en mis proyectos Universidad y Comunidad con el Dr. Art Warmoth

A quienes participaron en los talleres de Creatividad en Arte Terapia en las escuelas Kaylin Noblin, M.F.C.C., ATR Renee Conrad, M.A., ATR Charlene Kelzer, M.F.C.C., ATR Gerryann Olson, Ph. D.

A la Asociación de Salud Mental Dorothy Hughes

A la American Association of University Women

A la American Art Therapy Association

A todos Los Niños, Maestros y Padres que estuvieron en nuestro programa

A la Biofeedback Society of California

Un agradecimiento especial a todos los estudiantes que participaron conmigo
en la gran exhibición de Arte y Educación Creativa "The Art of Portraiture"
in the Asian Art Museum.

Al Marin County Department of Education and the Marin Arts Council

Al Health and Human Services Department

A todas las personas que me han apoyado en México,
especialmente en la Ciudad de Guadalajara,
a mis amigos y a mis estudiantes de Biofeedback

A Adam Crane, Presidente de American Biotec Corporation,
al Dr. Héctor Solórzano del Río M.D., al Dr. J. Antonio Rojas B.M.D.,
al Dr. Luis Enrique Carlin. M.D., al Psic. Eduardo del Castillo,
al Profr. Julian Betancour, a la Mtra. María de los Dolores Valadez,
al Lic. Antonio Valadez, a Helga Jager, a Esteli Talavera Durán,
a Roberto Carlos Sánchez Vilches, al Lic. Eduardo Velasco Briceño
y a todo mi equipo.

Finalmente,
agradezco de manera muy especial, a mi familia por su apoyo y cariño

Prefacio

El Biofeedback, con el entrenamiento de feedback autógeno, es una técnica muy poderosa que permite a una persona ejercer control sobre diversos procesos fisiológicos de su cuerpo. Esta técnica se ha utilizado durante muchos años en la NASA para enseñar a los astronautas a controlar las respuestas fisiológicas asociadas con el mareo causado por el viaje espacial y así impedir este estado de debilitamiento. El Biofeedback también se ha utilizado para impedir la intolerancia orto-estática (desmayo inducido por el estar de pie) que se presenta en los astronautas cuando acaban de regresar a la tierra.

Estas mismas técnicas que usan los astronautas se han usado para tratar una gran variedad de condiciones físicas que se presentan en la Tierra (por ejemplo, trastornos en el rendimiento o en la conducta, lesiones musculares, espasmos, migrañas, hipertensión, síndrome de irritación intestinal, trastornos de ansiedad, mareos causados por el movimiento al viajar, etc.)

La técnica del Biofeedback se utiliza algunas veces junto con un tratamiento con medicamentos para mejorar los efectos de estos. Muchas veces se usa como reemplazo de las medicinas para prevenir los efectos secundarios indeseados. Además, el Biofeedback se puede utilizar para tratar aquellos estados patológicos para los cuales no existe ninguna medicina efectiva.

Nancy Daunton, Ph. D.,
Investigador científico (retirada)
División Ciencia de la Vida
NASA,
AIMES Research Center

Prólogo

Hace ocho años, como presidenta del Departamento de Psicología de la Universidad Estatal de Sonoma, tuve la oportunidad de hablar en una reunión que se llevó a cabo en una de las primarias del Condado de Marin, en California. Esto, con motivo del programa de Terapia del Arte en las escuelas que se había iniciado en la Universidad Estatal de Sonoma el año de 1994 junto con nuestros alumnos internos de Terapia del Arte, bajo la supervisión de la Dra. Shari St. Martin, quien había guiado a los estudiantes en la producción de proyectos de arte durante todo el año.

Los proyectos de terapia del arte tenían el objetivo de promover la autoestima y mejorar el aprendizaje de los niños a través de procesos creativos. Los proyectos artísticos estaban llenos de color, eran muy expresivos y trataban temas muy profundos. El énfasis del proyecto se puso en reflejar la identidad individual y grupal, la seguridad, el sentido de pertenencia, de objetivo y de capacidad.

Los niños también asistieron a la exhibición y tuvieron una participación activa en la celebración. Estos niños amaban apasionadamente su trabajo. Era evidente que sus obras de arte conmovieron profundamente a los maestros, a otros niños y a sus padres.

A partir de entonces, el trabajo de la Dra. St. Martin se ha expandido para incluir la utilización del Biofeedback / Neurobiofeedback en el tratamiento de niños, adolescentes y adultos. Una dimensión exclusiva de su trabajo es la integración del Biofeedback y la terapia del arte, y una de sus áreas de especialización es el uso de éstos al tratar el Trastorno de Déficit de Atención (ADD) o el Trastorno de Déficit de Atención e Hiperactividad (ADHD).

La combinación del Biofeedback / Neurobiofeedback con la terapia del arte proporciona notables experiencias terapéuticas y de desarrollo en niños y adultos que sufren de los síntomas del ADD / ADHD. *Por qué el déficit de atención en los niños* introduce al lector en la eficacia y el poder curativo de este trabajo.

El ADD / ADHD es un trastorno caracterizado por distracción, hiperactividad y acción impulsiva. El Trastorno de Déficit de Atención se refiere a la dificultad de mantener la atención, mientras que el ADHD incluye la acción impulsiva y la hiperactividad a las dificultades que ya se tienen con la aplicación de la atención. Este es el trastorno de conducta diagnosticado mas comúnmente en la infancia; se estima que a 3-5 % de los niños en edad escolar se les ha diagnosticado. Este trastorno se encuentra en todos los países y culturas.

Los niños con ADD / ADHD tienen niveles de actividad más altos de lo normal, dificultad de concentración, son distraídos, tienen niveles de atención que no son adecuados para su desarrollo y son impulsivos. Se diagnostica con ADD /ADHD cuando estos síntomas se presentan antes de la edad de siete años y duran por lo menos seis meses. El niño no puede sentarse y estarse quieto o poner atención en clase.

Hay muchas consecuencias negativas de este tipo de comportamiento. Por ejemplo, su impacto en el rendimiento escolar, en las relaciones con los compañeros y en la autoestima. También tiene efectos a largo plazo en el rendimiento escolar, rendimiento laboral y en las relaciones sociales. Hay una gran variedad de causas a las que se les atribuye el ADD /ADHD, como la dinámica del sistema familiar o factores ambientales que incluyen la dieta y la herencia genética.

Los niños superdotados corren el riesgo de ser identificados como niños con ADD / ADHD, ya que presentan algunas de las mismas características que los niños con este trastorno, pero por razones distintas. Los niños con ADD / ADHD pueden ser muy inteligentes y creativos. Generalmente tienen inteligencias de tipo ¨visual/espacial¨. Podríamos decir que el hemisferio derecho de su cerebro es el dominante.

De hecho, en todos los niños el hemisferio derecho es el dominante, pero en los niños con ADD /ADHD esto es aún más marcado. Esto quiere decir que ellos están muy alerta a un nivel no verbal. Aprenden rápido con imágenes. Los individuos en los que domina el hemisferio derecho del cerebro se muestran comúnmente más brillantes de lo que sus resultados en una prueba de inteligencia (IQ) pueden mostrar. Pueden ser muy capaces para el *razonamiento abstracto, las habilidades visual/espaciales y la solución de problemas.* El hemisferio derecho es rápido para iluminar los procesos de información.

Los lugares del cerebro que se han propuesto para tratar las dificultades del ADD / ADHD incluyen el cuerpo calloso, los lóbulos frontales, el hipotálamo, el sistema marginal y el sistema de activación reticular. Las dificultades del área frontal y frontal marginal pueden ser particularmente importantes. Al utilizar las medidas de un electroencefalograma (EEG) y los escaneos de una Tomografía de Emisión de Positrones (PET), los investigadores han encontrado una disminuida activación del electroencefalograma, del flujo sanguíneo y de la utilización de glucosa en los lóbulos frontales. Las medidas del potencial estimado del cerebro, el ritmo cardiaco y la conductividad de la piel han mostrado respuestas demoradas. Por lo tanto, la baja activación del cerebro es una característica del ADD / ADHD. Los niños con ADD / ADHD deben ser provistos de una mayor auto-estimulación, para elevar la actividad de su cerebro a niveles cómodos y funcionales.

Joel Lubar, un pionero en el entrenamiento de los niños con ADD / ADHD mediante el Neurobiofeedback, indica que *"la base de esta conducta en busca de estímulos puede provenir de una actividad de drene de energía mental reducida particularmente en la formación reticular del tallo encefálico"* (Lubar, 1995, p. 488). Lubar añade que *"uno de los mayores problemas con el ADHD es que frecuentemente se acentúa la disfunción del lóbulo prefrontal. Los lóbulos pre-frontales del cerebro son las porciones «ejecutoras» del cerebro que participan en la planeación y en el juicio"* (Lubar, 1995, p. 500).

Antes se creía que el ADD / ADHD desaparecía cuando los niños se hacían adultos. Actualmente sabemos que el 50% de los niños con ADD / ADHD tiene dificultades de atención y son impulsivos aún en la edad adulta. Estos problemas se hacen evidentes al no poder poner atención en el trabajo, no poder terminar tareas y en las dificultades que tienen en sus relaciones sociales.

Los tratamientos actuales incluyen medicinas psico-activas como el Ritalin (metilfenidols), el Cylert (remolina) y Dexedrina (dextroanfetamina). Otros tratamientos incluyen la modificación de la conducta, la terapia cognoscitiva conductual y la neuroterapia. Puesto que se cree que la causa del ADD / ADHD es una dificultad en la activación del cerebro, una medicina psicoactiva parecería ser la opción lógica. Las investigaciones muestran que los tratamientos con medicinas psico-activas proporcionan resultados mucho más rápidos que las otras terapias. Sin embargo, aún se tienen muchas reservas en relación a estos tratamientos.

El Biofeedback / Neurobiofeedback, así como se presenta en el libro *Por qué el déficit de atención en los niños*, es una prometedora vía de terapia para el ADD / ADHD. ¿Qué es el Biofeedback? ¿Qué es el Neurobiofeedback? El Biofeedback es simplemente la retroalimentación de una señal biológica a usted, que es el productor de la señal. Con la información que usted recibe puede auto-regular su físico para alcanzar ciertas metas. El Neurobiofeedback es similar al Biofeedback. Solo que este último mide los parámetros corporales, mientras que el Neurobiofeedback mide la actividad cerebral.

Según Lubar, *"la hipótesis principal sobre el uso de neurobiofeedback es muy simple: si el ADHD y el ADD están asociados con el malfuncionamiento neurológico, particularmente a nivel de la corteza cerebral e interesando principalmente la función del lóbulo pre-frontal, y si el déficit neurológico acentuado puede corregirse, entonces el niño con ADHD podrá desarrollar estrategias y descubrimientos internos (paradigmas) que los niños sin ADHD ya tienen. Con el uso de estos paradigmas, las habilidades de organizar, planear y comprender las consecuencias de la conducta inapropiada se facilitan"* (Lubar, 1995, p. 501).

Tanto el Biofeedback como el Neurobiofeedback otorgan mucho poder a los niños, adolescentes y adultos. Los monitores del equipo obtienen las respuestas del cerebro y cuerpo del niño y devuelven esta información. Con esa información el niño puede autorregularse. Por ejemplo, en el Neurobiofeedback se registran las ondas cerebrales. Entonces el niño se siente motivado a incrementar las ondas Beta y disminuir las ondas Teta. Teta es una frecuencia de onda cerebral de 5-7 hetzios asociada con la somnolencia y Beta, es una frecuencia de 12-30 hertzios, que está asociada con el estado de alerta.

Al incrementar las ondas beta el cerebro se vuelve más alerta. La corteza senso-motora, cuando se activa, inhibe la actividad motora indeseada. Al prestar atención a algo, inhibimos de forma activa las otras cosas que podrían llamar nuestra atención. El niño con ADD / ADHD está practicando el poner atención a un nivel profundo con la ayuda del sistema de Biofeedback. Al cambiar las ondas cerebrales se producen cambios en la conducta del niño.

La Terapia del Arte trata otra dimensión importante. Los terapeutas del arte, como la Dra. St. Martin, piensan que *el proceso creativo que conlleva el arte es curativo y mejora la vida.* Los terapeutas del arte alientan a los individuos a crear a través del dibujo, la pintura, el barro u otros medios. Después se discuten el proceso artístico y la obra de arte.

Los terapeutas del arte han visto que esta terapia puede incrementar la autoconciencia; ayudar a la persona a lidiar con los síntomas del estrés y las experiencias traumáticas, a mejorar las habilidades cognoscitivas y enseñar *los placeres de la creatividad artística, que mejoran la vida.* La Dra. St. Martin ha descubierto que la Terapia del Arte y el Biofeedback se complementan mutuamente.

Por qué el déficit de atención en los niños es un libro muy útil. Incluye el trabajo de la Dra. St. Martin con los niños de las escuelas del Condado de Marin, con sus experiencias en el desarrollo de la autoestima de niños y adolescentes a través de la Terapia del Arte, y con sus experiencias en la aplicación del Biofeedback y la terapia del arte en los niños y adolescentes de México.

Su objetivo es conectar la mente y el cuerpo a través del Biofeedback y la Terapia del Arte. La Dra. St. Martin es brillante e innovadora. Ella enseña desde el corazón. Está extraordinariamente dotada para desarrollar su trabajo con niños y adolescentes. Pero personas de todas las edades pueden beneficiarse de su enfoque. El Biofeedback / Neurobiofeedback y la terapia del arte son una gran promesa para la disminución del impacto del ADD /ADHD y para promover el desarrollo óptimo de la persona.

La combinación del Biofeedback / Neurobiofeedback con la Terapia del Arte es una expansión muy poderosa del potencial del Biofeedback. Es muy valioso contar con el trabajo de la Dra. St. Martin disponible en un libro para que puedan usarlo los padres, los niños y los maestros, a quienes deseo lo mejor en suu exploración con esta importante obra.

Eleanor Criswell Hanna, Ed. D.
Profesora de Psicología
Universidad Estatal de Sonoma,
California.

Introducción

El trastorno de déficit de atención en los niños

Este libro tiene el propósito principal de ayudar a los padres, maestros y médicos a entender los problemas del trastorno de déficit de atención en los niños sobre el que comúnmente se hace un mal diagnóstico.

Se cree que el Trastorno de Déficit de Atención (ADHD, por sus siglas en inglés) es un trastorno neurobiológico de los conductos neurotransmisores narcotizantes y reguladores que se trasmite genéticamente. Este parece tener un alto porcentaje genético, en una proporción aproximada del 50% en los descendientes de primer grado.

El ADHD afecta aproximadamente del 6% al 9% de los niños. Evidentemente, de un tercio a dos tercios de los niños, seguirán manifestando el ADHD. Sin embargo, muchos de los datos de estas estimaciones se obtuvieron cuando el esquema de clasificación del ADHD no establecía una diferencia entre los subtipos hiperactivo e inatento, como lo hace actualmente.

Diagnóstico y características clínicas
del Trastorno de Déficit de Atención e Hiperactividad.

El criterio de diagnóstico general para un ADHD incluye su aparición a la edad de 7 años, de problemas a causa de los síntomas en al menos dos áreas, y de problemas significativos en su funcionamiento social, académico u ocupacional. Hay tres subtipos de ADHD que han sido definidos por la American Psychiatric Association en el *Manual de Diagnóstico y Estadísticas de los Desórdenes Mentales* (DSM-IV): un subtipo predominantemente hiperactivo y un tipo combinado en el que se presentan elementos tanto de falta de atención como de hiperactividad.

El criterio de diagnóstico sugiere que los que son caracterizados como del subtipo de los que sufren de falta de atención presentan seis o más síntomas de inatención durante más de seis meses, así como los que pertenecen al subtipo de los hiperactivos presentan seis o más síntomas de hiperactividad durante por lo menos seis meses. Para que se diagnostique el subtipo combinado la persona debe tener seis o más síntomas de inatención y seis o más síntomas de hiperactividad.

Entre los que presentan el subtipo de falta de atención, los síntomas pueden incluir: dificultad para mantener la atención en diferentes tareas o juegos y falta de concentración en los detalles de la escuela o del trabajo. Otros síntomas del inatento incluyen la dificultad para organizar tareas o actividades, la falta de motivación o el evitar o dudar en emprender tareas que requieren gran esfuerzo mental, el no seguir bien las instrucciones en la escuela o en el trabajo y no escuchar cuando se le habla directamente. Aun más síntomas son perder cosas constantemente, distraerse fácilmente y ser muy olvidadizo en actividades cotidianas.

Los síntomas distintivos del subtipo hiperactivo incluyen el estar inquieto, moverse constantemente y pararse de su lugar en el salón de clases o en otras actividades en las que se debe permanecer sentado. Otros síntomas son hablar mucho, sentirse con prisa o como impulsado por un motor, el corretear o moverse excesivamente de un lado para otro, tener dificultad para jugar tranquilamente, dar respuestas antes de que se termine de hacer una pregunta, interrumpir a otros y tener dificultad para esperar su turno.

Como psicóloga profesional de niños, y gracias a catorce años de experiencia en California y tres años más en Guadalajara, me he dado cuenta de que algunos de los problemas más importantes que existen actualmente en los niños con relación al Trastorno de Déficit de Atención tienen raíces históricas con factores genéticos y ambientales que pueden también influir en este trastorno. Ambos factores reciben la influencia de la familia y de las interacciones sociales de los niños con sus padres y otras personas. A través de los genes y del medio ambiente estos patrones se transmiten de generación en generación. Sin embargo, anteriormente, contrario a la actualidad, los síntomas del ADD o Hiperactividad no se identificaban como trastornos específicos.

El medio ambiente sigue teniendo un impacto en el bienestar social, familiar y económico de nuestra sociedad. Sin embargo, con los avances tecnológicos y la sobrepoblación continuamos luchando frente a los retos cotidianos. Así pues, dado que los niños procesan la información de manera diferente a los adultos, debemos estar concientes de nuestras diferencias y permitir la diversidad en la educación.

El entender lo que los niños dicen parece una tarea simple, pero es en realidad una actividad decepcionantemente compleja. Los niños tienen su propia subcultura, una cultura de la infancia (Speir, 1976 p.33, Goode, 1986,1976). Stone and Church sostienen que los niños tienen una subcultura especial y separada de los adultos, con tradiciones, juegos, valores, lealtad y reglas propias.

Actualmente se ha diagnosticado a más de tres millones de niños en Estados Unidos con ADHD y se les da tratamiento con medicamentos, obteniendo resultados satisfactorios únicamente durante el tiempo en que se le da seguimiento a dicho tratamiento. Además del efecto de los medicamentos no existen reportes satisfactorios o resultados convincentes.

Con mi propia experiencia en Biofeedback en Guadalajara he recibido reportes de más de un centenar de padres con niños diagnosticados con ADD o hiperactividad. Al evaluar estos casos me di cuenta de que a algunos niños se les había hecho un diagnóstico erróneo o no habían recibido un tratamiento adecuado. A menudo estos niños presentaban otros problemas psicológicos como el Síndrome de Reynaud, asma, alergias, baja autoestima, problemas familiares y abuso, lo cual les provocaba la enfermedad.

Muchos de los niños que vinieron a nuestra clínica habían sido tratados con diferentes medicamentos como Ritalin, considerado en México como la mejor y más rápida solución para el ADD. Sin embargo, yo he confirmado que el Ritalin no es la solución adecuada para los problemas de ADHD en los niños.

Después de haber escuchado testimonios de los padres en contra del Ritalin y después de haber visto otras formas de tratar el ADHD tales como la homeopatía, y la acupuntura, el Tai Chi, el ejercicio, la natación y otras actividades deportivas, se hace aún más evidente para mí que el tratamiento de los niños que tienen varios trastornos psicológicos y fisiológicos puede ser más efectivo si se utilizan terapias alternativas.

Por ejemplo, los resultados de nuestro tratamiento con Biofeedback y Neurobiofeedback con los niños han demostrado que son efectivos para curar sus diferentes trastornos. La Terapia del Arte o la Terapia de Arena han curado a muchos niños que tenían traumas previos; todos hemos sufrido de traumas, especialmente durante la niñez, pero estos tienen un mayor impacto en los niños con trastornos neuro-inmunológicos. En el videocasete del Niño con ADHD realizado por el Dr. Val Brown, se explica el tratamiento del ADHD con Neurobiofeedback y la cura del trastorno con el incremento de la longitud de las ondas Beta en los niños.

Nací en los Estados Unidos de padres Iraníes, realicé mis estudios en una escuela de intercambio inglesa y estuve en una escuela francesa, por lo que mis experiencias culturales son tan diversas como mis estudios de posgrado, que fueron multidisciplinarios. Parte de los requisitos que tuve que llenar para obtener mi doctorado en Estados Unidos fue la integración de diversas disciplinas en mis estudios.

Aprendí más y de manera específica acerca del tan mencionado *niño problema* al realizar por primera vez un programa que integraba el arte en todas las materias, como parte del aprendizaje integral en las escuelas públicas del Condado de Marin.

Tanto mi educación como mi carrera profesional estuvieron llenas de diversidad. Aprendí a integrar las materias normales con el arte como una manera de aprender holísticamente. Hubo muchos momentos de mi vida en los que tuve que comparar y contrastar los diferentes contextos educativos en los que me encontraba. Estos estudios comparativos me proporcionaron una perspectiva tridimensional respecto a lo que necesita ser visto y oído en relación con los niños.

Aún después de haber recorrido su propio camino, primero como niño y luego como adulto, la educación de su hijo no será una tarea fácil. Es importante que permita que se escuchen los sentimientos y experiencias de otros miembros de la familia. Los sentimientos y experiencias de los niños se suprimen con frecuencia, pero para que el niño pueda sentir o expresar tales experiencias o sentimientos debe sentirse seguro al hacerlo. Un terapeuta actúa como una caja fuerte para que los niños puedan expresarse.

Puesto que crecí en Inglaterra, tuve la fortuna de conocer la independencia y pude experimentar el conocimiento de las artes. Mis estudios estaban centrados en Shakespeare y Charles Dickens. El teatro, la danza y las demás artes estaban incorporadas a mi vida diaria. Una de las formas con las que pude superar los cambios culturales en mi nuevo ambiente fue la práctica del ballet y el canto , así como participar en las obras de teatro de la escuela. Las artes fueron una parte muy importante de mi niñez, porque con ellas podía soportar el dolor y la pena que sentía al estar lejos de mi hogar.

También iba cada semana a una iglesia y escuchaba los sermones; así pude desarrollar la espiritualidad en mi vida. Tener una comunicación real con Dios era lo que me daba mayor fuerza, me mantenía segura y así podía sobreponerme a la soledad. Sin embargo, esta experiencia también fue sometida a algunos retos que me han hecho la persona que soy actualmente.

Logré venir sola a Guadalajara y comenzar a trabajar en un país extranjero, a pesar de las limitaciones o restricciones que no permitían mi proceso de independencia. Yo tenía grandes esperanzas de que con el tiempo podría adaptarme y ser aceptada como parte de la comunidad mexicana.

A pesar de que la comunidad médica en la que me desenvolvía con mi trabajo era muy cerrada, fui perseverante y continué con mi proyecto de dar a conocer mi trabajo. El Biofeedback era mi trabajo en México y soñaba con extenderlo a todo el país.

Anteriormente, como ya había mencionado, trabajé en las escuelas del Condado de Marin, en California, desde jardín de niños hasta preparatoria. También daba consultas privadas para ayudar a familias y niños con problemas. Durante esos años de trabajo me di cuenta de que lo que más me apasionaba era ayudar a los niños de todas las edades hasta que se convirtieran en adultos.

Mi experiencia en las escuelas trabajando con niños con problemas de aprendizaje, Trastorno de Déficit de Atención y una falta de interés general por su familia y su comunidad me dio la oportunidad de aprender a solucionar sus problemas. El problema de estos niños parecía haber surgido de su situación económica, social y familiar. A la mayoría de estos niños les faltaba afecto. Me di cuenta de que, al igual que en mi propia experiencia, las artes podrían sanar y salvar sus vidas. El arte podría integrarse en su vida diaria, así como formó parte de mi niñez.

Trabajé en California para las escuelas públicas del Condado de Marin durante siete años y expandí el programa de Terapia del Arte a todas las escuelas con gran éxito. Yo sabía que tenía la capacidad y podría emprender algo nuevo aquí en Guadalajara.

En una visita ocasional a la ciudad me invitaron a la Universidad de Guadalajara a presentar el programa de Terapia del Arte. Primero presenté este programa a la Universidad Autónoma en su conferencia Internacional de Gerontología, Geriatría, Biotecnología y medicina Aeroespacial que tuvo lugar en el año 2000. En esa ocasión también presenté el Biofeedback.

Más tarde, ya en la Universidad de Guadalajara presenté un curso para los profesionales en Terapia del Arte y Biofeedback en la conferencia de verano del 2001. Esta conferencia era para ayudar a los niños con necesidades: Niños Sobresalientes. Tuvo un gran éxito y un gran número de personas así como diversos grupos de médicos participaron en el programa.

Mi decisión de vivir en Guadalajara e introducir el Biofeedback fue resultado de estas presentaciones y de haberme integrado a la comunidad. Me imaginaba que tal vez sería difícil trabajar en esta ciudad por su cultura tan diferente y conservadora. Sin embargo, la realidad me sorprendió, a pesar de todos los obstáculos que se me presentaron en el camino.

Tres años después estoy atónita ya que, gracias a Dios, las cosas han cambiado mucho para mí mediante la práctica del Biofeedback. Esto sucedió, en parte, porque estoy tan motivada ahora como en mi niñez, y en parte también por que resultó ser verdad lo que muchos de mis colegas me habían dicho, no había muchos psicólogos especializados en niños en Guadalajara y este era un campo de trabajo muy solicitado. Así, en muy pocos años he desarrollado mis prácticas clínicas y he tenido la oportunidad de convertirme en la psicóloga infantil especialista en ADHD en Guadalajara.

Actualmente estoy enseñándoles a muchos niños a controlar sus emociones con el Biofeedback y la Terapia del Arte. En el capítulo siguiente explicaré en que consiste el Biofeedback, el Neurobiofeedback, la Terapia del Arte y el tratamiento de los síntomas de los niños con ADHD. También presentaré el programa de Terapia del Arte que realicé en las escuelas preparatorias, secundarias y primarias en California, y los casos que hemos tratado con Biofeedback, Neurobiofeedback y Terapia del Arte en Guadalajara.

Capítulo primero

Terapias alternativas para el tratamiento del trastorno por déficit de atención en los niños

Qué es el Biofeedback

La historia y las aplicaciones de Biofeedback.

Uno de los primeros antecedentes de Biofeedback fue desarrollado por Schultz (1969) en Alemania y luego Luthe (1969) en Estados Unidos. Ellos enseñaban a sus pacientes a utilizar el feedback de frecuencia cardiaca a través de una técnica de relajación denominada "de entrenamiento autógeno" (el entrenamiento autógeno es una técnica de relajación que se basa en la repetición de ciertas expresiones cortas por un breve periodo —30 seg.— estimulando la imaginación de aquello que se repite).

Esto se lograba colocando las manos sobre el pecho hasta detectar los latidos del corazón y luego, utilizando el entrenamiento autógeno, se trataba de disminuir la frecuencia cardiaca. Este feedback se denominó "feedback vibratorio" y se le consideró como una de las experiencias más tempranas en este campo.

Entre los avances registrados en esta área podemos mencionar los siguientes:

a) Jacobson, entre 1920 y 1930, desarrolló una técnica de relajación progresiva a la que incorporó un electromiógrafo primitivo para controlar el nivel de tensión muscular. La relajación progresiva es una técnica orientada a tensionar y relajar varios grupos de músculos tratando de asociar simultáneamente ambas sensaciones al mismo tiempo.

b) En 1962, Joe Kamija instruyó a estudiantes universitarios para producir voluntariamente ondas alfa.

c) Budzynski (1970) desarrolló una técnica para inducir la relajación corporal general a fin de aliviar a los pacientes con cefaleas funcionales.

d) Green, Green y Walters (1971) utilizaron el control de la temperatura de las extremidades por medio del entrenamiento autógeno y visualización para tratar a pacientes con migraña o hipertensión arterial.

Paralelamente a estas investigaciones hechas con seres humanos surgió otro tipo de trabajo experimental con animales, utilizando el condicionamiento operante, que puede considerarse como una forma de feedback puesto que si la respuesta es recompensada, este refuerzo positivo realimenta a su vez nuevas respuestas y así sucesivamente.

El trabajo más importante en este terreno fue el de Neal Miller, de la Universidad Rockefeller de Nueva York (1969), quien inició una labor revolucionaria cuando se suponía que el hombre estaba regulado por dos sistemas nerviosos diferentes: el voluntario y el involuntario. El sistema nervioso voluntario o somático comprende las células y fibras nerviosas que sirven a los músculos del esqueleto. Es responsable de todos los movimientos de los brazos, piernas y mandíbulas, de los cambios de postura, etc., es decir, de todos los movimientos considerados normalmente como deliberados o como controlados por la conciencia.

El sistema nervioso involuntario o autónomo comprende los movimientos de las pupilas, corazón, vasos sanguíneos, estómago, glándulas endocrinas y todas las funciones consideradas tradicionalmente como automáticas o más allá de nuestro control.

Miller hizo un experimento con ratas paralizadas con *curare* (que sirve para eliminar las reacciones del sistema nervioso voluntario). Entonces en 1974, con estos experimentos en los que consiguió a través del condicionamiento operante producir respuestas viscerales, demostró que ciertos animales podían controlar variables psicofisiológicas y con esto logró demostrar que el llamado sistema involuntario puede en realidad ser sometido al control de la voluntad.

De esta manera, poco a poco pudo concebirse la posibilidad de que al paciente, al recibir información sobre el estado de ciertas funciones biológicas involuntarias tales como la temperatura de la piel, la conducción eléctrica, la tensión muscular, la presión arterial, el ritmo cardiaco y la actividad de las ondas cerebrales, podía enseñársele a regular uno o más estados biológicos, por ejemplo, la capacidad de aumentar la temperatura de una de las manos, reducir la frecuencia de las migrañas, regularizar sus palpitaciones, etc.

Así, en 1969 se fundó la Sociedad de Biofeedback en Santa Mónica, California, Estados Unidos, a la que se incorporaron médicos y psicólogos interesados en aspectos de investigación básica y aplicación clínica.

*

El Biofeedback es una técnica no evasiva que enseña a disminuir el dolor, el estrés y los síntomas de muchas enfermedades. Puesto que cuenta con la ayuda de una computadora, este sistema le permite monitorear la temperatura corporal, la tensión muscular, el pulso y otros procesos fisiológicos relacionados con el problema que presente cada paciente.

El Electromiograma se utiliza para medir la actividad de tensión muscular en la frente y en el cuerpo, la temperatura así como la electrodermorespiración se usan para medir y regular la actividad de la piel. Al monitorear estos procesos el paciente aprende a ajustar sus reacciones y finalmente a reducir o incluso eliminar su problema. El resultado es la habilidad para disminuir el dolor, la ansiedad y los síntomas de la enfermedad sin necesidad de acudir al consultorio del doctor.

El Biofeedback se introdujo en los años sesenta para tratar la ansiedad, la hipertensión y el dolor crónico; a partir de entonces ha avanzado considerablemente gracias a la tecnología de la computación.

¿Cómo puede ayudarle el Biofeedback? Casi todo el mundo sufre del estrés cotidiano, y el estrés relacionado con enfermedades también es muy común. La capacitación con Biofeedback le enseña a interpretar sus señales corporales para que pueda tranquilizarse en una situación estresante. También aprenderá técnicas de relajación efectivas que puede utilizar para prevenir el estrés.

El estrés en los niños es muy común pero no siempre reconocido, ya que los niños no saben comunicar sus sentimientos tan bien como los adultos. El estrés hace que los niños no tengan una buena alimentación y duerman menos, lo cual trae como resultado que no se puedan concentrar o poner atención en la escuela. Las técnicas de relajación de Biofeedback ayudan a los pacientes con trastornos del sueño a mejorar y los insomnios llegan a ser cosa del pasado.

¿Qué es el ADHD - Trastorno por Déficit de Atención por Hiperactividad? Es un trastorno invasor que puede persistir hasta la edad adulta. Sus tres signos clásicos son la falta de concentración, la conducta impulsiva y la actividad exacerbada. Si no se trata de forma exhaustiva, el ADHD puede limitar severamente muchos aspectos de la vida diaria, incluyendo el rendimiento escolar, la adaptación social, el desarrollo emocional y, finalmente, las oportunidades de trabajo y las relaciones interpersonales.

Las personas con ADHD procesan la información de manera diferente a las demás. Sus ondas cerebrales muestran en los electroencefalogramas (EEG) más ondas cerebrales de fantasías y sueños despiertos y menos ondas cerebrales asociadas a la habilidad de concentrarse y terminar tareas. El ADHD puede manejarse de forma efectiva con la capacitación de Biofeedback y otros ejercicios de entrenamiento en casa.

La comunicación entre los padres y los niños es importante. ¿Por qué tenemos familias conflictuadas y niños con problemas? La razón es la falta de comunicación que existe entre los padres y sus hijos y la falta de actividades saludables entre los padres y sus hijos. Actividades como el ejercicio o la espiritualidad mejoran y estrechan la relación y ayudan a crear una conducta saludable.

Las actividades sociales son importantes para la creación de grupos comunitarios para su hijo, que puedan ayudar a que la relación entre un padre y su hijo sea más fuerte. Uno de los problemas más importantes que se presentan con la hiperactividad en los niños es que estos no reciben la atención, el apoyo y la esperanza que necesitan actualmente para poder enfrentar el futuro.

En la mayoría de los casos, nuestros niños juegan *nintendo* a solas y no se sigue de cerca su crecimiento social, emocional y espiritual. El aislamiento también es un factor importante que lleva a la depresión a los niños y por lo tanto afecta su sistema inmunológico. La depresión surge cuando se produce un cambio neuroquímico en el cuerpo.

Comúnmente los niños sufren de alergias, asma, hiperactividad, síndrome de Reynauds, déficit de atención, etc., puesto que su sistema inmunológico se encuentra débil. La Psique domina a lo físico, y por ello se utiliza el término psiconeuro-inmunología cuando hay una deficiencia en el sistema inmunológico como resultado de un deterioro en el estado psicológico.

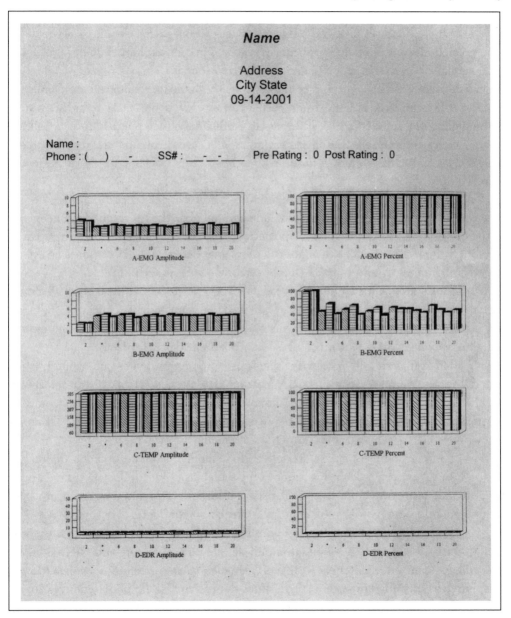

Qué es el Neurobiofeedback

El Neurobiofeedback es un estudio de las ondas cerebrales. Los científicos agrupan las ondas cerebrales en cuatro tipos principales según su frecuencia. Partiendo de la frecuencia más alta a la más baja, estos tipos se conocen como ondas Beta, Alfa, Teta y Delta. Los ritmos de Beta y Alfa son los más comunes en adultos sanos y plenamente despiertos.

Hay ritmos más lentos que existen durante el sueño, en la infancia, y si se sufre de una enfermedad grave. Durante un ataque epiléptico pueden apreciarse fluctuaciones repentinas de la amplitud de onda. En el caso de una parcial disfunción del cerebro las ondas cerebrales anormales tienden a fluir únicamente de la parte del cerebro afectada.

El electroencefalograma computarizado ayuda a la detección de cambios de voltaje potenciales provocados por minuto, inducidos en el cerebro al responder a imágenes o sonidos específicos. Las técnicas de potencial provocado también ayudan a estudiar el cerebro de un recién nacido, o de niños con problemas de aprendizaje, personas en estado de coma, víctimas de paro cardiaco, tumor cerebral o esclerosis múltiple.

Los síntomas psico-neurológicos más comunes en los niños con trastorno de déficit de atención son hiperactividad, distracción, movimiento constante, falta de concentración, falta de respeto hacia sus maestros, familia y amigos, y comúnmente la falta de socialización. Estos niños presentan una falta de ondas Beta.

En la mayoría de los casos clínicos, así como en pacientes con asma, trastornos del sueño, alergias, incontinencia, hiperquinesia y tics, la actividad neuromuscular es alta; en la escala de 0 a 10 generalmente se encuentra por encima del promedio normal de 10. Estos niños también presentan una falta de ondas Beta así como actividades electrodérmicas bajas, lo cual incrementa su problema.

El Neurobiofeedback se está utilizado actualmente en las escuelas de los Estados Unidos para ayudar a los niños con problemas. Uno de los programas para jóvenes más respetado en la Escuela Enrico Fermi, es el programa experimental que se implementó para ayudar a los niños a controlar su conducta.

Por ejemplo, los maestros del niño Ricardo Seranos, de 8 años, acostumbraban quitarle los zapatos en un intento inútil de que no saliera corriendo del salón. Él destruía los baños de su escuela (Yonkers), se peleaba con otros niños y volvía locos a sus maestros escondiéndose de ellos después del recreo. Nadie podía controlarlo.

El tratamiento para su problema de aprendizaje era muy difícil y todos los días había que llamar a su abuela, que era quien se encargaba de cuidarlo. El programa experimental ayudó tanto al niño como a sus maestros, que ya no tienen que buscar a Ricardo por todo el edificio de la escuela. Algunos de los estudiantes más difíciles pueden aprender a controlar su conducta con Biofeedback.

A la mitad de los estudiantes problema en una escuela de Nueva York se les ha diagnosticado ADHD. Un estudio muy interesante sobre la utilización de Ritalin por contraposición al Biofeedback realizado por el Dr. Valdine Browns indicó que este medicamento sólo funcionaba durante el periodo de acción del mismo. Después de 4 horas en que el efecto de la medicina había desaparecido, los niños recomenzaban con sus mismos patrones alterados de conducta.

Con el Neurobiofeedback los niños problema obtienen el estímulo necesario para cambiar sus ritmos biológicos y así producir más ondas Beta, equilibrando los procesos cerebrales tanto de la parte izquierda como de la derecha de forma más efectiva. Una vez que se hayan producido los cambios fisiológicos, el paciente ya no muestra alteraciones de conducta.

Lo que resulta interesante es que, a partir de que comencé a trabajar en Guadalajara con niños que padecen ADHD, me he dado cuenta de que muchísimos de ellos también han tomado Ritalin en sus escuelas para reducir su hiperactividad y los padres han dejado de darles la medicina puesto que no ha habido cambios visibles en sus hijos. Los cambios eran temporales y duraban sólo el tiempo en que su hijo estuvo tomando el Ritalin.

Estos mismos niños que han venido a nuestra clínica en Guadalajara y que han sido tratados con Neurobiofeedback y Biofeedback, por contraposición al tratamiento con Ritalin, han mostrado cambios significativos tales como mejores calificaciones en la escuela, mejores relaciones sociales, son más comprensivos y tienen una mayor comunicación con sus padres y se volvieron más tolerantes con ellos.

Presentaré los casos como sigue: todos estos casos fueron de niños de entre 7 y 16 años de edad que ya habían tomado Ritalin y cuyos padres detuvieron ese tratamiento, escucharon sobre nuestro programa en Guadalajara y decidieron comenzar con el tratamiento de Biofeedback, Neurobiofeedback y Terapia del Arte.

Comencé a diagnosticar con Biofeedback e incluí diagnósticos con Terapia del Arte puesto que yo creo que los niños deben tener un tratamiento global. Para poder hacer una evaluación correcta era necesario hacer tests psicológicos así como un examen físico.

Para el examen físico utilizamos los instrumentos de Biofeedback, que son electrodos conectados a diferentes partes del cuerpo para detectar la actividad física. Estos electrodos son para medir la temperatura y la transpiración de la piel, y otros para obtener los resultados de la electromiografía en la frente y la electromiografía corporal que se coloca en la nuca. Con estas medidas podemos ver el estado fisiológico de una persona respecto a su temperatura, su actividad dérmica y su actividad muscular.

En el test psicológico durante la Terapia del Arte utilizamos el test Casa-Árbol-Persona (HTP) desarrollados por Buck en 1948. El test HTP es un dibujo proyectivo que aplican los psicólogos y otros expertos en salud mental. Un terapeuta del arte utiliza este test para ver las etapas emocionales y de desarrollo de un niño en el momento de la elaboración del dibujo. La Casa, el Árbol y la Persona se utilizan porque son objetos conocidos por todos y que son aceptados para su representación gráfica más fácilmente que otros. Además, se ha demostrado que estos artículos estimulan más que otros la libre expresión verbal de una persona.

En el test de diagnóstico también utilizamos un programa del corazón llamado Freeze Framer para detectar el ritmo cardiaco. Esto es importante para completar la lectura de las medidas fisiológicas. Aquí están las muestras:

Qué es la Terapia del Arte

La terapia del arte fue desarrollada de forma simultánea en Inglaterra y en Estados Unidos como un área aparte. Su fundadora en los Estados Unidos es Margaret Naumburg, una educadora y fisioterapeuta que abrió la Escuela Walden en la Ciudad de Nueva York. Margaret N. también escribió diversos libros sobre Terapia del Arte y sus aplicaciones con los pacientes psiquiátricos en las décadas de los años cuarenta y cincuenta del siglo XX. Su hermana, Florence Cane, modificó los principios de la educación del arte para su utilización con niños.

Al mismo tiempo, algunos artistas (incluyendo a los que se opusieron abiertamente a esto durante la Segunda Guerra Mundial) fueron voluntarios en los hospitales mentales y terminaron por convencer a los psiquiatras de las contribuciones que la terapia del arte ofrecía para el tratamiento de los pacientes en los casos más difíciles.

Las teorías del psicoanálisis y la educación del arte son las bases para los dos polos del área a los que se ha nombrado *psicoterapia del arte* y el *arte como terapia*. Se ha debatido ampliamente acerca de si el proceso terapéutico es inherente al hablar de una obra de arte y al expresarse uno mismo o si se encuentra más bien en el acto específico de la creación de una obra artística. La mayoría de los terapeutas del arte dicen que ambos puntos de vista les aportan algo para modificar lo que hacen o para enfatizar algún punto, dependiendo de la gente con la que trabajen.

El primer diario sobre este tema se publicó en 1961 como el *Boletín de Terapia del Arte* (actualmente el *American Journal of Art Therapy*). La asociación de Terapia del Arte Norteamericana (AATA por sus siglas en inglés), fundada en 1969, es la organización profesional de Estados Unidos; ella patrocina conferencias anuales así como simposios regionales, aprueba los programas de capacitación y publica el diario *Terapia del Arte: Diario de la Asociación Norteamericana de Terapia del Arte*.

Los primeros títulos de postgrado en Terapia del Arte se otorgaron en los años setenta. Actualmente se imparten cursos de introducción para licenciaturas y programas de preparatoria en universidades de todo el país, además de 27 programas de maestría aprobados por la AATA.

La Terapia del Arte utiliza materiales de arte, procesos e ideas creativas y la imaginación para fomentar la autoestima, el crecimiento cognoscitivo y las conductas sanas, y para desaparecer las lagunas en el desarrollo y los conflictos emocionales y de conducta. La terapia del arte proporciona experiencias de colaboración para la tolerancia étnica, racial y de género así como tolerancia para las diferencias de aprendizaje. Facilita las conductas sanas y promueve el desarrollo afectivo saludable. Como terapia de experiencias y una herramienta psico-educativa, une la expresión metaverbal y verbal, facilitando el desarrollo integral de un niño saludable.

La historia de la Terapia del Arte

Los seres humanos hemos utilizado el dibujo para expresar sentimientos desde la era primitiva (Oster & Gould, 1987). La utilización de dibujos en la salud mental comenzó en los años veinte del siglo pasado, con el test inteligente de Goodenough (Kaufman and Wohl, 1992). A partir de entonces el dibujo se ha utilizado con todos los grupos de edad —niños, adolescentes y adultos. Los dibujos se utilizan para examinar la inteligencia, para evaluar la personalidad, para estimular la memoria, para crear confianza y para facilitar el proceso terapéutico (Bowers 1992, Johnson, 1990, Johnson, 1987, Oaklander, 1988.)

Los dibujos de los adultos y los de los niños difieren debido a su nivel de desarrollo. Por ejemplo, la omisión de partes del cuerpo puede ser normal para la edad y desarrollo del niño, pero puede ser algo significativo en un adulto. (Mortensen, 1991 Dileo, 1983). Otro ejemplo sería la escala de tamaño en niños menores de seis años, quienes generalmente no pueden visualizar la proporción correctamente y, por lo tanto, las distorsiones no serían significativas en los niños menores de seis años o en aquellos que tuvieran un retraso en su desarrollo. (Thomas and Silk, 1990).

Otra diferencia en los dibujos de adultos y niños es que muchos niños son más espontáneos y tienen menos inhibiciones que los adultos (Mortesen, 1991). Es común que los niños participen de forma más libre que los adultos en los dibujos para los que no se dan instrucciones. Suele ser difícil lograr que un adulto realice un dibujo sin instrucciones previas, especialmente durante las primeras etapas de la terapia.

Se ha demostrado que el dibujo es una forma de tratamiento efectivo tanto para los adultos como para los niños ya que proporciona una manera eficaz de expresar sentimientos intensos y muy fuertes como ira, cólera, hostilidad, miedo, tristeza y vergüenza causados por un trauma; puede además resultar menos amenazante que la expresión verbal puesto que la imagen creada es externa a su creador y puede verse objetivamente (Johnson, 1987).

El dibujo ofrece una forma de reconstruir el concepto de si mismo y la imagen del propio cuerpo (Malchiodi, 1990). El proceso de compartir el dibujo les proporciona a los participantes una forma de expresar sus sentimientos y explorar el significado de sus experiencias personales (Oklander, 1988). El proceso de revisión y clasificación ayuda al descubrimiento y comprensión de si mismo, lo cual lleva a la auto-sanación. Contemplar dibujos actuales y anteriores ayuda a los pacientes o a los individuos a valorar su progreso.

El dibujo de una persona le ayuda a conectar la mente y el cuerpo, permitiendo al almacén psicológico vaciar los materiales guardados en el subconsciente. Según Joseph Cambell, cuando el almacén está lleno, nuestra psique experimenta dolor y sufrimiento. La mente consciente y la inconsciente necesitan unirse y así llegar a producir la función trascendente.

El almacén, como contenedor que sirve para procesar nuestras partes psicológicas y fisiológicas, no puede liberarse y transformarse si se encuentra sobrecargado. En el trabajo que he dirigido en las escuelas incrementando la autoestima en los niños a través del programa de terapia del arte, mi mayor preocupación eran los almacenes de los niños y ayudarlos a limpiar muchas de sus experiencias al permitirles expresarse y darles un sentido del yo a través de las expresiones artísticas.

El programa ofrecía la terapia del arte a los alumnos de jardín de niños, de secundaria y de preparatoria. Un capítulo posterior se dedicará a ejemplos de los trabajos realizados en el proceso creativo y la Terapia del Arte y se presentarán también retratos pintados de los niños junto con sus testimonios.

Por qué elegimos la pintura de retratos

Antes de la era moderna, la técnica del retrato se utilizaba principalmente para registrar o proyectar el estado de personas vivas, conmemorar eventos importantes u honrar a los muertos. Con la introducción del daguerrotipo en 1839, la fotografía comenzó poco a poco a asumir estas funciones para la documentación.

Al inicio de este cambio muchos pintores perdieron su fuente de sustento, mientras que otros se vieron libres para explorar otras posibilidades artísticas. Con la cercanía del siglo XX, algunos artistas llegaron a creer que los retratos no tenían que ser realistas forzosamente para representar bien a sus modelos. Los artistas actuales continúan con esta tendencia de reinventar la técnica del retrato registrado la gran variedad de dimensiones de la personalidad humana a través de diversos estilos y enfoques.

El retrato ha sido usado en la Terapia del Arte para ayudar a crear identidad, es decir, ayudar al individuo a desarrollar el sentido del yo. Cuando se utilizó la Terapia del Arte en el Programa Escolar, ésta ayudó a los estudiantes a desarrollar imágenes más claras de si mismos como individuos únicos, con atributos específicos que pueden ofrecer a la comunidad y además pudieron apreciar a sus compañeros y las diferencias y semejanzas entre ellos y los que los rodean.

Los estudiantes de la Escuela Preparatoria San Rafael que pintaron autorretratos utilizaron diversos estilos, como lo revelan sus escritos sobre sus trabajos. Muchos estudiantes describieron cómo sus cuadros ilustraban sus situaciones emocionales a través de los estilos artísticos históricamente importantes. (St. Martin, S. 1998, *Escuchar la voz de los niños a través de las imágenes que ellos crean*)

La pintura de retratos es una técnica de expresión. Una técnica de expresión vuelve la información implícita más explícita, incrementando la conciencia del yo interno (Kaufman and Wohl, 1992). Según Oster and Gould, 1987, las técnicas de expresión permiten la expresión tanto a nivel consciente como subconsciente. Las técnicas de expresión incluyen la música, pintura, danza, periodismo y redacción de cartas, confrontaciones directas e indirectas, los roles en Gestalt, psicodrama y escultura.

El hecho de que la pintura conecta la mente y el cuerpo y estimula las neuronas ha sido demostrado en contextos clínicos como en hospitales psiquiátricos. De hecho, el descubrimiento de la Terapia del Arte en Inglaterra se hizo dentro de la Clínica Londres cuando a víctimas de incendio, niños pequeños llevados a las unidades de traumatología del hospital, las enfermeras les dieron papel para que dibujaran con el fin de calmarlos y estimular su condición nerviosa.

Los niños dibujaban su experiencia traumática y le daban voz a sus sentimientos. Así es como las enfermeras y los oficiales del hospital se dieron cuenta de que las artes eran una forma de lenguaje mudo que el niño ofrecía; a partir de entonces las enfermeras y trabajadores sociales lucharon porque las artes se incorporaran como parte de las evaluaciones para el perfil psicológico y fisiológico de los niños.

El personal de los hospitales de Londres convenció a las clínicas y salas psiquiátricas de que se incorporaran las artes como parte integral de la evaluación para diagnosticar a los niños.

Capítulo segundo

Aplicaciones en la Educación Primaria

Por qué utilizar el Arte como Terapia en Primaria

El arte es un lenguaje universal, con la habilidad única de reunirnos e iluminar nuestra humanidad común. En las escuelas de hoy día el arte es quizá la manera más efectiva de permitir a un grupo de diferentes estudiantes un acceso igualitario a la auto-expresión y el desarrollo de la autoestima a través del proceso de reconocimiento, expresión y validación del mundo individual e interno de cada niño.

Metas

Las metas del plan de cada lección están incluidas en el plan de cada área de estudio (el medio ambiente; biología; matemáticas; antropología física; astronomía; discapacidades físicas; diseño gráfico; computación; computación de imágenes; fotografía). En cada plan se utilizan medios artísticos para enseñar a los estudiantes los conceptos más importantes de cada área.

Resumen del Programa
Plan de las lecciones

Medio Ambiente

Lección: Introducción de la ecología y los árboles como una parte importante de nuestro medio ambiente. Dibujo de árboles frutales relacionándolo con la ciencia en lo que se refiere a la nutrición y tecnología (madera). Introducción de la madera como material de construcción.

Metas: Desarrollar y entender los distintos tipos de árboles y sus propósitos. Cómo han contribuido los árboles en muchos aspectos del avance tecnológico, por ejemplo, muebles, construcción de casas, transportación, y otras necesidades básicas.

Objetivos: Que los estudiantes tomen en cuenta la importancia de un árbol en nuestro medio ambiente.

Estrategias:
• Leer la historia *the Proud Tree* (*El Árbol Orgulloso*) por Lou Ann Roche. Dibujar un árbol imaginario y un árbol real que sea valioso en nuestro medio ambiente.
• Hablar de distintos tipos de árboles de todo el mundo, comparando árboles de climas cálidos y fríos.
• Hacer que los estudiantes lean o escriban poemas acerca de sus árboles.
• Presentar imágenes de árboles en las alfombra persas y hablar de cómo los símbolos de los árboles se han utilizado a través de la historia, particularmente en la cultura de los Sufis, quienes utilizaron el símbolo del árbol de la vida.

Tiempo: 2 Sesiones de 1 hora.

Recursos: Maestro o asesor, compañeros.

Evaluación: Maestro, asesor, compañeros.

Materiales: Papel de dibujo, acuarelas, pinceles, materiales para collage (corteza de árboles, palitos de madera, diferentes hojas secas, etc.), papel de colores, musgo, pintura para pintar con los dedos y papel para esta pintura, pegamento.

Resultados: Los niños habrán aprendido sobre la importancia de los árboles y habrán desarrollado respeto hacia la naturaleza y su medio ambiente. Los 24 estudiantes de 5o. grado y los 44 del jardín de niños habrán plantado un árbol de cereza y un abeto en la escuela Loma Verde como parte de su servicio a la comunidad dentro de esta lección.

Lección: Mostrar diversos animales a los alumnos por medio de fotografías y escribir una lista ordenada de los animales del cielo (pájaros, etc.), de la tierra (mamíferos, etc.), del océano (peces, etc.), incluyendo reptiles *Watchman*. Si es posible, que dibujen los animales mientras observan.

Metas: Comprender mejor la biología de los animales y sus funciones dentro del ecosistema. Ayudar a los estudiantes a entender y relacionarse con los animales y crear un sentido de pertenencia al mundo natural.

Objetivos: Los estudiantes escogerán un animal o especie para mostrar la transformación que sufre en su crecimiento o en su influencia al medio ambiente, por ejemplo, la oruga a mariposa; el águila y su presencia simbólica dentro del gobierno. Aprender a apreciar el poder de la imaginación.

Estrategias: Contar la historia del Indio Americano, quien consideraba al águila como un animal sagrado porque podía volar cerca del cielo. Describir el baile sagrado del águila de los Indios Americanos. Hablar sobre el simbolismo del águila en la historia de Norteamérica, por ejemplo, cómo aparece en las monedas. Promover el entendimiento de diversos mitos culturales y de eventos históricos. Presentar los conceptos de empirismo contra misticismo, y mostrar cómo la integración del arte y la ciencia ha influenciado el desarrollo de las ciencias naturales y sociales.

Tiempo: Dos sesiones de 1 hora

Recursos: Maestro o asesor, compañeros.

Evaluación: Maestro o asesor, compañeros.

Materiales: Papel de dibujo, crayones pastel, marcadores, revistas para collage.

Resultados: Los niños habrán aprendido los conceptos científicos de la evolución y la forma en que los animales son vistos como símbolos de valores culturales dentro de distintas culturas. Por medio de la expresión artística, ellos habrán aprendido cómo se relacionan entre sí las criaturas vivientes dentro del ecosistema. Las capacidades verbales, cinéticas y visuales habrán sido utilizadas cuando los estudiantes escucharon historias, observaron fotografías, dibujaron animales y representaron las transformaciones experimentadas por esos animales.

Matemáticas

Lección: Presentar números por medio de figuras geométricas. También enfocarse a los aspectos de cruce cultural de las matemáticas a través de los cinco símbolos universales (cuadrado, triángulo, cruz, círculo, y espiral) que propone Angeles Arrien.

Metas: Llegar a comprender el color, las figuras y las formas así como las relaciones entre estos tres conceptos. Aprender sobre el color y su influencia en nuestras vidas.

Objetivos: A través del movimiento, los estudiantes harán un cálculo de cuánta gente se necesita para hacer un cuadrado o un círculo, dependiendo de qué tamaño se desee, y después harán esas figuras.

Estrategias:
• Presentar y dejar que los estudiantes lean sobre las pirámides de Egipto y América, acentuando la relación entre la gente que las construyó y la importancia del trabajo en equipo para alcanzar una meta.
• Ayudar a los estudiantes a reconocer los principios científicos de acción-reacción.
• Tomar las cuatro figuras y hacer una lluvia de ideas sobre cómo se pueden colocar estas figuras en los cuerpos.
• Hablar sobre los conceptos de la geometría Euclidiana y no-Euclidiana en el contexto de una línea de tiempo histórica que muestre el progreso del conocimiento científico y matemático.

Tiempo: Dos sesiones de 1 hora

Recursos: Maestro, asesor, compañeros

Evaluación: Maestro, asesor, compañeros

Materiales: papel de construcción de colores cortado en las cuatro figuras, pegamento en barra, papel blanco brilloso de 12" x 14", tijeras, lápices.

Resultados: Los estudiantes habrán formado figuras con sus propios cuerpos y visto la relación entre ellos y otros compañeros. Esto favorecerá el desarrollo de las habilidades de comunicación verbal y no-verbal. Los alumnos también habrán tenido oportunidad de aprender principios científicos y geométricos y la forma de aplicarlos fuera de un contexto académico con la finalidad de relacionarse.

Antropología física

Lección: Presentar figuras de pies humanos y de patas de animales y después dejar a los niños dibujar sus pies, primero formando el contorno y después coloreando las huellas reales. Hablar de cómo comienzan los científicos a inventar por medio de la experimentación y de cómo pueden formular teorías basadas en figuras y formas (por ejemplo, hablar sobre los antropólogos físicos y su trabajo, tales como Robert Relethford, autor de *The Human Species - La especie Humana)*.

Metas: Llegar a comprender las ciencias naturales y observar los descubrimientos del famoso antropólogo Grover Krantz que comparó un vaciado de yeso de 17 pulgadas del supuesto "Pie Grande" con su propio zapato de 12 pulgadas.

Objetivos: Los estudiantes harán una comparación entre el tamaño de una pata de animal con el tamaño de un pie humano (de preferencia cada estudiante hará la comparación con su propio pie).

Estrategias:
• Mostrar fotografías de las supuestas huellas de "Pie Grande".
• Hacer investigaciones científicas sobre el tamaño relativo de las patas de un oso y de los pies humanos.
• Presentar relatos históricos sobre cómo los humanos pueden ser rastreados desde hace 3,000 años hasta "Lucy".
• Mostrar cómo el esculpir es una herramienta científica para especular cómo sería la forma de algo, por ejemplo, la historia de Sasquatch, en la que Paul Freeman del

Servicio Forestal Nacional de los Estados Unidos usó un yeso para mostrar cuál pie pudo haber hecho una huella.

Tiempo: Dos sesiones de 2 horas, compañeros

Recurso: Maestro o asesor, compañeros

Evaluación: Maestros o Asesor, compañeros

Materiales: Papel de dibujo, crayones, lápices, vebdas de yeso quirúrgico para hacer máscaras y otras figuras, productos para la protección de la piel (de Johnson & Johnson).

Resultado: Este habrá sido un proceso terapéutico que ayuda tanto a los estudiantes como a los asesores al proporcionarles una visión global de quiénes somos y de dónde venimos, y de cómo nos relacionamos con otras criaturas. Así mismo, les habrá proporcionado información académica en las áreas de la ciencia y del arte, y habrá favorecido un enfoque multisensorial de la educación.

Astronomía

Lección: Enseñar los nueve planetas a los alumnos presentando sus nombres y permitiendo a los niños representarlos, dándoles así un sentido de propiedad. Crear la inicial de los planetas en un circulo de cartulina pequeño de unos 8 cm..

Metas: Llegar a conocer los diferentes planetas. Observar las limitaciones del acceso al mundo de los planetas y presentar la ciencia por medio del arte, lo cual es una manera cinética de adquirir conocimientos haciendo arte.

Objetivos: Que los estudiantes conozcan las ramificaciones de algunos logros humanos en la ciencia, por ejemplo, los logros de los astronautas.

Estrategias
  • Leer la historia del astrónomo persa Omar Khayam, hijo de un fabricante de tiendas de campaña, poeta y matemático del siglo XII que ayudó al avance de la

ciencia, con el desarrollo de un calendario, entre otras cosas.

- Activar el conocimiento previo de ejemplos de poetas o matemáticos.
- Lluvia de ideas a lo largo de una línea histórica de tiempo con un compañero y de ahí obtener algunos personajes.
- Promover investigaciones para adquirir más conocimiento.
- Dibujar una de las letras del nombre del planeta y crear una imagen de él.
- Escribir todos los nombres de los planetas y otros cuerpos celestes: Sol, Mercurio, Venus, Tierra, Marte, Júpiter, Saturno, Urano, Neptuno, Plutón, la Luna, y otras estrellas.
- Escribir y aprender sobre la luz y la oscuridad en relación al día y la noche.

Tiempo: Dos sesiones de 1 hora.

Recursos: Maestro o Asesor, Compañeros

Evaluación: Maestro o Asesor, Compañeros

Materiales: Papel de dibujo, una cartulina redonda blanca y delgada para hacer círculos, marcadores, pegamento en barra, brillantina.

Resultados: Los propósitos terapéuticos ayudaron tanto a los asesores en las escuelas como a cada uno de los estudiantes. Aprendizaje de la ciencia y desarrollo de las habilidades artísticas por medio de actividades cinéticas. Integración de formas de aprendizaje verbal, visual, y cinético. Desarrollo de un enfoque del aprendizaje multisensorial. Incremento de las habilidades cognoscitivas de pensamiento crítico y solución de problemas.

Discapacidades

Lección: Crear una herramienta, juguete, utensilio, vehículo u aparato de utilidad personalizado para una persona discapacitada.

Metas: Desarrollar la sensibilidad hacia las personas discapacitadas. Observar las limitaciones que imponen las discapacidades físicas.

Objetivos: Los estudiantes considerarán las diversas ramificaciones de una discapacidad física. Explorarán las posibilidades de liberar una vía restringida de adaptación o modificación.

Estrategias
- Leer *Ride the Red Cycle* - Lectura para 5º. grado de Houghton Mifflin. .
- Hablar sobre el argumento de la lectura: el padre de un niño discapacitado hace una bicicleta especial para su hijo.
- Activar el conocimiento previo de ejemplos actuales como los aparatos médicos de ayuda a discapacitados: aparatos para los sordos, sillas de ruedas, libros en braille, frenos, aparatos de ortopedia, extremidades artificiales, cascos, computadoras, controles remotos, rampas, rieles, etc.
- Hacer una lluvia de ideas con un compañero.
- Concentrarse en la modificación de un aparato de ayuda específico.
- Dibujar su nueva creación y ponerle un nombre.
- Describirlo, explicar su utilidad y sus ventajas.

Tiempo: Dos sesiones de 1 hora.

Talento: Maestros o Asesores, Compañeros

Evaluación: Maestros o Asesores, Compañeros

Materiales: Papel de dibujo de 12" x 18", marcadores, crayones, hojas de raya y lápices.

Resultados: A través de la experiencia los niños habrán aprendido a ser sensibles sobre las incapacidades visibles e invisibles. El dibujo cinético despierta la conciencia a los estudiantes en el salón de clases y los pone alerta.

Lección: Enseñar a los estudiantes a pintar y a utilizar la teoría del color de Johannes Itten (*El arte del color*). Hacer dibujos de tamaño real del cuerpo de cada estudiante y hacer que cada estudiante pinte su propio cuerpo para incrementar el sentido de identidad y la autoestima.

Meta: Desarrollar un concepto positivo de sí mismo y observar los aspectos negativos de sí mismo por medio del dibujo y pintura del propio cuerpo. Los estudiantes escogerán un aspecto positivo y uno negativo de sí mismos.

Estrategias
* Crear un diálogo entre el consciente y el inconsciente y formar pares con un compañero que pueda observar y ser testigo del proceso individual. Los testigos deben permanecer en silencio y no juzgar.
* Activar el conocimiento de una situación en la que alguien fue juzgado y de qué manera esto pudo afectarlo. Recordar incidentes en los que los estudiantes sufrieron estas experiencias.
* Dialogar con un compañero y reevaluar el trabajo una vez completo, para ver si se necesitan hacer cambios en la imagen del cuerpo.
* Ponerle nombre al dibujo del cuerpo y tomar una foto del mismo.
* Escanear esta imagen para guardarla en la computadora.
* Crear una historia en torno a la imagen corporal de la persona.

Tiempo: Dos sesiones de 3 horas.

Talento: Maestros o Asesores, Compañeros

Evaluación: Maestros o Asesores, Compañeros

Materiales: Un rollo grande de papel de dibujo, pinturas, pinceles, lápices, rollo de 35 mm., cámara Polaroid, cámara de video, escáner, computadora.

Resultados: En un grupo de 24 alumnos de 5°. año la historia de niñas que eran pequeñas enfermeras y niños no conformistas que ayudaban a su comunidad. 1) Los niños sintieron que tenían un objetivo al poder ayudar a los niños lisiados del hospital de San Francisco al hacer y darles un collar de esperanza. 2) Recolectaron basura del medio ambiente. A través de sus obras de arte desarrollaron un sentido de capacidad, objetivo, identidad, pertenencia y seguridad e incrementaron sus habilidades de pensamiento crítico. Además, se sintieron motivados para actuar como miembros que contribuyen de forma activa con su comunidad.

Aplicaciones en Educación Secundaria

Por qué utilizar la Terapia del Arte a nivel secundaria

Los niños de secundaria experimentan cambios físicos, emocionales y psicológicos de forma muy rápida, a los que deben reconocer y aceptar si quieren sentirse a gusto con su nueva identidad. A través de los procesos artísticos, los niños aprenden a entenderse a sÍ mismos y a los demás, y también a valorar tanto las diferencias como la individualidad.

Análisis

La terapia del arte en los programas de diversas escuelas se utilizó como un único plan de lecciones de secundaria que se describe a continuación. Este plan está basado en la imagen del cuerpo, tratando así la realidad tangible del físico de cada individuo y permitiendo que esta exploración sirva de puente hacia el intangible mundo de los pensamientos y los sentimientos.

Metas

- Los niños aprenderán a ser sensibles con respecto a los demás al tratarse primero a sí mismos.
- Se mejorarán las habilidades cognositivas a través de este enfoque multisensorial que abarca los procesos visuales, verbales, cinéticos, olfatorios y auditivos.
- Los niños estarán expuestos al aprendizaje que no está predeterminado o que no es totalmente predecible.
- Los niños estarán expuestos al aprendizaje que requiere que obtengan información de diversas fuentes.

- Los estudiantes deberán coordinar su tiempo, los horarios de trabajo y las metas del proyecto en un horario establecido, determinado en el contrato entre el estudiante y el maestro.
- Los estudiantes estarán envueltos en un proyecto complejo y real a través del cual desarrollarán y aplicarán sus habilidades y conocimientos.
- El impulso inherente de los estudiantes los lleva a aprender, así mismo se afirmarán la capacidad de hacer trabajos importantes y la necesidad de ser tomados seriamente en cuenta.
- Los estudiantes desarrollarán una mayor autoestima al reconocerse a sí mismos de nuevas maneras a través de los procesos de arte y al ver sus imágenes utilizadas en la tecnología en conexión con el producto animado.
- Los estudiantes aumentarán su autoestima al producir productos tangibles que generan un cambio positivo en la sociedad y al ver sus imágenes utilizadas en la tecnología en conexión con el producto animado.

Resumen del Programa

Los estudiantes se conocerán mejor a través de diversos procesos de arte y enfoques cinéticos educativos. Empezarán por dibujar el contorno de sus cuerpos para después pintarlos. Los alumnos trabajarán en pares e intercambiarán papeles como artista y testigo (La persona que pinta el esbozo de su propio cuerpo y la persona que dibujó el esbozo original y que luego en silencio observa cómo la otra pinta sobre el esbozo).

El testigo permanece en silencio a través del proceso en el que el artista pinta su cuerpo, sin responder a ningún comentario que haga el pintor, pero ayudándole en lo que se refiere a traer pintura o aplicadores de pintura. La meta es lograr que el artista establezca una conexión con su propia imagen, sin interferencia.

Después se incita al artista a contestar la siguiente pregunta: ¿Quién soy y a qué grupo pertenezco?, y a escribir un diario en el que pondrá los sentimientos y pensamientos que surjan durante el proceso de pintar su cuerpo. Los niños pueden escribir en cualquier momento del proceso artístico —antes, durante, y después—; también pueden escribir encima de sus dibujos.

Los estudiantes formarán grupos y decidirán cómo les gustaría presentarse en la comunidad y compartir sus experiencias y pensamientos con otros. Los grupos formarán un proyecto para completar las otras diecinieve semanas. El maestro les ofrece ejemplos de proyectos como limpiar el medio ambiente, preparar algo para los niños discapacitados, visitar hospitales, hacerse amigos por correspondencia con niños de otros países, etc. Cada grupo desarrollará un contrato con el instructor, describiendo cómo se harán realidad las metas del grupo y qué resultados tangibles obtendrán.

A medida que los grupos completan los proyectos, éstos crearán diversos productos (por ejemplo, una maqueta tridimensional de una comunidad segura, un collar de cuentas de esperanza que les darán a los niños discapacitados, una colección de cartas y poemas que mandaron a los niños de otros países). Entonces los estudiantes crearán historias escritas en la computadora sobre cómo y porqué se crearon estos productos. Después escanearán las imágenes de sus cuerpos en un CD para poder animarlas. Esta animación se usa para ilustrar las historias que escribieron los estudiantes.

Plan de Lecciones

Materiales

Materiales artísticos necesarios:
- Pinturas de colores primarios
- Rollos de papel de estraza café, verde y blanco
- Lápices
- Masking tape
- Brochas grandes y chicas, esponjas y otros aplicadores de pintura
- Plástico para cubrir las paredes y el piso

Materiales tecnológicos necesarios:
- CDs en blanco
- El programa de animación AutoCAD
- Computadora
- Monitor de TV

Tiempo estimado para el proceso artístico: 3 horas.

Duración del programa: 20 semanas (de enero a junio) para los grados básicos
.

*I*nstrucciones para el cuerpo:
- Encontrar un compañero (o el maestro organiza en pares a los alumnos)
- Escoger un pedazo de pared
- Poner plástico de forma vertical en el pedazo de pared hasta la altura de tu cuerpo.
- Poner un pedazo de plástico en el piso junto al espacio de la pared.
- Poner una pieza del papel de estraza del tamaño de tu cuerpo en el plástico.
- Pegar las esquinas con el masking tape.
- Hacer que tu compañero se acueste sobre el papel en el piso.
- Dibujar su contorno en el papel con un lápiz.
- La persona que está dibujando debe ser un testigo mudo, sólo dibuja, no habla.
- La persona que dibuja debe seguir las instrucciones de su compañero mientras está haciendo el esbozo (v.gr.. esto va más grande, o esto más pequeño, etc.)
- La persona cuyo cuerpo ya está diseñado ahora hace lo mismo por su compañero.

Imagen:
(El maestro pone las pinturas en una mesa en donde los alumnos puedan tomarlas)

(El maestro les muestra la rueda del color a los alumnos, diciéndoles cómo mezclar los colores para obtener lo que deseen tanto en tono como en profundidad).

- Llena tus contenedores con tus colores favoritos
- Puedes mezclar los colores, hacerlos más fuertes o más claros.
- Pinta tu cuerpo como quieras, mostrando lo que te gusta y lo que no te gusta.
- Puedes usar esponjas, brochas, etc, para hacer efectos especiales. Una vez que hayas terminado de pintar, toma tu diario y escribe cómo te sientes. Es necesario que pienses en dos cosas: interior y exterior. Lo interior se refiere a los sentimientos personales sobre mí mismo y lo exterior se enfoca hacia cómo otras personas podrían sentirse acerca de sí mismas.

Movimiento:
- Mientras pintas, pon atención a los sentimientos internos que tú tal vez no querrías compartir y en tus sentimientos externos que tú vas a compartir, desde el yo hacia el tú. Escribe estos sentimientos en tu diario.

Tecnología

- A partir de lo que escribiste en tu diario, diseña un tema que pueda generalizarse o aplicarse a tu comunidad (escuela, familia, pueblo, etc). Haz un CD usando la animación para desarrollar este tema.

Aplicaciones en Preparatoria

Por qué utilizar la Terapia del Arte a nivel preparatoria

Durante la preparatoria los muchachos dan sus primeros pasos hacia la edad adulta. A través del arte pueden aprender a encontrar sus propias identidades de forma positiva, expresándose para que la comunidad lo aprecie y de esta forma dándose cuenta de su valor y habilidad para participar en un ámbito más amplio dentro de la sociedad.

Según Leticia Martínez Montemayor (Sierra & Montemayor, 1994), del Departamento de Psicología Aplicada, Universidad de Guadalajara, *"se ha mostrado que las terapias artísticas en los niños facilitan todos los tipos de expresión: comunicación no verbal, control de las emociones"* (Mills, 1991), *"disminución de la ansiedad"* (Brauner & Brauner, 1990), *"mejora en la sociabilidad y disminución de los problemas de aprendizaje"* (Valdez y otros., 1987).

Estos efectos hacen de la Terapia del Arte una herramienta particularmente útil al trabajar con estudiantes que están a punto de convertirse en adultos y cuyas habilidades para entender y articular sus propios sentimientos y creencias determinará en una gran medida el éxito que tendrán en su vida futura.

En este programa participan dos preparatorias en dos proyectos separados. Los estudiantes de la preparatoria de San Rafael pintaron autorretratos al óleo y escribieron sobre su obra y sus sentimientos relacionados con ella. Los estudiantes de la preparatoria de San Marin pintaron retratos de otros.

Metas

- Crear conciencia en la comunidad sobre la importancia de la creación de arte
- Preocuparse por la propia comunidad y aumentar la autoestima

- Tratar el sentido de competencia y de valor de si mismo.
- Aprender a colaborar de forma efectiva.
- Contribuir con proyectos de arte para la comunidad que puedan ser significativos.

Resumen del Programa
Arte y Comunidad

Los estudiantes llegarán a conocerse mejor a sí mismos a través de las artes y del dibujo de retratos. Empezarán investigando sobre un proyecto en particular relacionado con la comunidad, la historia y el gobierno. En sus grupos de compañeros, dependiendo del tamaño del proyecto, compartirán de forma igual y colaborando entre sí sus tareas.

En el proyecto de internado en la Preparatoria de Novato los estudiantes se decidieron por la historia del Consejo de Supervisores de Novato a través de las artes. Los estudiantes tuvieron la oportunidad de conocer a varios Supervisores de los cinco distritos del Condado de Marin y escogieron la historia de su propio pueblo como un proyecto comunitario.

Se impulsó a los estudiantes a investigar de forma adecuada, hacer preguntas y escribir lo que esperaban de este proyecto al principio de su colaboración. También conocieron al Supervisor del 5o Distrito de Novato.

A medida que los miembros del grupo asumen las tareas designadas, estos van mostrando su capacidad, así como su grado de compromiso con la comunidad. También adquieren una mayor conciencia de sí mismos y crean conciencia sobre los demás dentro de su comunidad.

La presentación final del retrato-dibujo exhibido para el Consejo de Supervisores en la muestra de arte del Ayuntamiento de Marin prueba sus habilidades.

Plan de Lecciones

Este modelo propician un enfoque cinético a la educación al incorporar el arte, la historia y el gobierno por medio de su aplicación integrada. El programa de estudios trata el servicio a la comunidad, asesoramiento, investigación y prácticas de campo como preparación para los internados.

Material requerido:

- Lápices para dibujo de diferentes grados.
- Papel (de preferencia papel corriente)
- Borradores
- Papel de construcción
- Pegamento en Spray
- Spray sellador de protección

Entrevistas y retratos

Estudiantes de la Preparatoria San Rafael

Programa Escolar de Artes Creativas
Retratos al Óleo

Maureen McDonald

Me llamo Maureen McDonald, pero me dicen Moe. Estoy en el segundo año de prepa en la Preparatoria San Rafael. Nací y crecí en California. Mi papá es escocés y mi mamá canadiense. Tengo una hermana más grande que está estudiando en la universidad para ser Enfermera con Estudios Superiores. Los deportes son mi pasatiempo, y los practico intensamente. He jugado volleyball, basketball, softball y antes nadaba. Estoy muy orgullosa de mi equipo de softball este año porque ganamos el campeonato de la Liga Atlética del Condado de Marin (MCAL), y ahora estamos en la Sección North Coast (NCS). Mis papás tienen una gran influencia en mis decisiones y en quien soy.

Mi pintura no es un proyecto espiritual o de un significado profundo, sino una representación de mi paz mental. La tina del baño es un momento relajante y de seguridad. Me pinté acurrucada en posición fetal para mostrar mi vulnerabilidad, pues todavía me considero una niña. Se supone que esta pintura es Realista. El proceso por el cual la pinté fue tedioso. Primero tuve que pintar la figura dentro de la tina del baño. Después de aproximadamente cinco semanas empecé a pintar el agua en la tina. Después de pintar las diferentes capas empecé a detallar la estructura de mi cara, y el reflejo del agua. Saqué mi idea de una revista porque se veía exótica.

El arte es importante para mí, describe mi actitud, mis pensamientos y mis creencias. No espero hacer una carrera en arte, sino que quiero desarrollar mis talentos como un pasatiempo. Me siento privilegiada de haber experimentado la pintura al óleo y disfruté el expresarme artísticamente.

Michael Good

He vivido toda mi vida en el condado de Marin. He vivido en la misma casa con mi papá, mamá y mi hermana menor. Tengo 17 años y traigo un BMW (modelo 84 con 285,000 Km.) que me dio mi papá. Toco el violín y trabajo con la computadora: hago páginas web, he hecho algo de programación básica, y me gusta jugar. Mi vida ha sido buena y he tenido mucha suerte pues he sido bendecido de muchas maneras.

Con la graduación que se acerca me ha costado mucho trabajo decidir que es lo que quiero hacer el año que viene. Me costaba decidirme entre quedarme en mi casa y dejar el lugar en donde he vivido toda mi vida. Después de pelearme constantemente con mi familia por cosas triviales quería irme de la casa y vivir yo solo, pero al mismo tiempo me daba miedo irme. Podía entrar en tres universidades del Estado de California (Chico, San José y Los Ángeles), pero no me ha ido muy bien en calificaciones. Tenía miedo de no estar listo para ir a la Universidad.

Cuando hice mi pintura me sentía completamente inseguro sobre el futuro, así es que elegí hacer una pintura alegórica que mostrara esta incertidumbre y mi sensación de soledad durante este periodo. El escenario es una ciudad durante la noche que está callada, obscura y casi vacía. La figura solitaria soy yo buscando el sendero correcto a seguir. Nunca había trabajado con óleo sobre un lienzo y aprendí mucho en el proceso de elaboración de esta pintura. Algunas de estas cosas son por ejemplo la textura del óleo y la forma en que se extiende en el lienzo. También aprendí algo sobre cómo se mezclan los colores para obtener los que uno quiere. Estoy feliz con el resultado final de mi pintura, y me siento bien de poder confrontar mi incertidumbre interior.

Por fin pude resolver qué es lo que voy a hacer. Mi plan es quedarme en mi casa e ir al Colegio de Marin los próximos dos años, e irme a una Universidad de California, CSU (California Stanford University) o alguna otra universidad que tenga un plan de cuatro años. Quiero especializarme en computación, pero también tomar materias complementarias de bellas artes. He vivido rodeado por arte toda mi vida hasta donde me acuerdo, y sé que debo continuar así, ya sea por medio de una carrera o en mi tiempo libre.

Jessica Pevey

Me llamo Jessica, y mi vida no ha sido sencilla. He podido conocer muchos aspectos de la vida social y por eso he desarrollado una gran pasión por viajar. Mi familia también tiene mucha influencia en mí, y tengo que agradecerle a mi hermanita Vanesa, así como a mi mamá, papá, familia y amigos por creer siempre que todo lo que hago es hermoso.

Mi obras muestra muchas de mis influencias. Una es la ladera que se encuentra hacia la izquierda al centro. La veo como el amor hacia mi pueblo, San Rafael. Se supone que pinté la colina como las que están cerca de mi casa, en donde el pasto las cubre de tal forma que parecen un fragmento que cayó del cielo y que dejó partes de tierra rojiza al descubierto. Yo creo que estas colinas son algo peculiar de Marin. Nací y crecí en el condado de Marin, nací en Greenbrae, he vivido toda mi vida en San Rafael, he viajado suficiente como para saber que me encanta que aquí sea mi hogar. Soy una niña totalmente San Rafael.

Mi pintura también representa a la naturaleza y todos sus diferentes aspectos. El círculo en el centro incorpora a la tierra, el aire, el fuego y el agua, y si lo voltearan de lado también sería como un ying-yang. Tengo afinidad con el agua, y traté pintar hacia la izquierda un reflejo como un río, y hacia la derecha la representé como el océano. El sol a la izquierda arriba tiene grandes influencias de Vincent Van Gogh y su estilo de pintura. Creo que es mi artista favorito. Me encanta la forma en que usa el color, y en el sol utilicé el mismo tipo de pinceladas, así como el espesor de la pintura.

Hasta donde sé, sobre mi personalidad, podría decir que me gustan mucho la música y los deportes. Me paso la mayoría de los fines de semana en conciertos locales, lo cual hago desde 2o de secundaria. Escribo y antes llevaba un diario de las cosas más importantes que me pasaban y de mis pensamientos. Solía ser muy introvertida, pero conforme he ido creciendo y aprendiendo de errores me he hecho una persona más sociable. Soy muy firme y segura de mí misma. Me gusta quien soy. Mi carácter se ha fortalecido en su mayor parte por mi familia y las lecciones que me han enseñado. Las familias de mi mamá y mi papá son muy diferentes pero siempre he recibido afecto y amor de ambas.

Para hacer esta pintura tuve que aprender muchas cosas, y la mayoría por prueba y error. Al principio tenía miedo de empezar, porque no tenía experiencia en la diferencia que hay entre lo que es pintar un color sobre otro y lo que es la técnica. Pasé por muchas ideas. Mi idea final llegó un día en que estaba sentada frente a un lienzo en blanco con una hoja de papel y un lápiz. Empecé a dibujar y me encantó lo que salió. Fue más fácil cuando empecé a ponerle pintura a los pinceles. Cada vez me inspiraba más ver tantas pinturas al óleo de otros artistas y me di cuenta de que no debía preocuparme por el resultado final, porque va a ser una buena pintura siempre que le dedique el tiempo necesario. El resultado final es la suma de las cosas que pensé mientras pintaba, y los recuerdos que se crearon durante el proceso.

Finalmente, el arte se ha convertido en un escape para mí. Y esto es algo que podré seguir haciendo mientras continúe practicando. En cuanto a elegir una carrera en artes, supongo que el arte hallará su camino en cualquier cosa que haga, aunque dudo que se convierta en mi principal enfoque. Tengo muchas otras cosas delante. Esta experiencia en general estuvo muy bien planeada y fue muy instructiva, y me hizo querer salir a comprar diez lienzos para hacer más. Me siento honrada al poder tener una obra de arte expuesta en una galería reconocida, y creo que fue una idea genial porque me hizo sentir muy importante y apreciar lo que hago. No cualquiera puede hacer lo que yo hago, y el darme cuenta de eso me hizo crecer.

Erin Mc Pherson

Me llamo Erin Mc Pherson. Mi familia ha vivido en California durante toda mi vida. Soy más o menos una mezcla de razas, excepto por la gran influencia Irlandesa y Escandinava que tengo. Tengo una hermana menor, Danielle, que empieza la preparatoria el año que viene. Mi mamá, Laura, es diseñadora gráfica, y mi papá, Doug, es oficial de la Marina. El resto de mi familia vive muy hacia el norte, en Washington y Oregon. Me gusta participar activamente en los deportes, especialmente natación y volleyball, pero también me divierto practicando otros deportes.

Me costó mucho trabajo entender cómo quería dibujarme, así es que simplemente hice uso de mi estilo artístico, que se encuentra influenciado principalmente por Picasso y Matisse. Me gusta trabajar con muchos colores y formas. No quería mostrar un punto de vista realista, así es que tomé sus ideas impresionistas de símbolos y formas y colores. También incorporé palabras para expresarme. Vive (Live), y diviértete (Fun) a cada segundo. Sé (Be) todo lo que puedas ser. Alcanza tus Sueños

(Dreams); todas las cosas que son importantes para mí. Trabajé a partir de una foto mía en blanco y negro, para que me fuera más fácil, y para mostrar más fácilmente las partes más importantes y los detalles. Las razones por las que escogí blanco y negro para la cara fueron el crear un contraste con el fondo lleno de colores. Mi idea en general para este cuadro era que sobresaliera de la multitud.

Aunque estoy interesada en el arte en este momento, no sé si quiero hacer una carrera artística. Pero en lo que se refiere al presente, estoy disfrutando el aprender todo lo que pueda al respecto. Este proyecto me enseñó realmente el arte de la pintura al óleo y todas las formas en que se puede trabajar con él. Espero que disfruten nuestras obras maestras tanto como nosotros.

Lauren Kolb

Me mudé de Maryland para acá en 1995. Mi mamá nos despertó a mis dos hermanas y a mí un día en la mañana y nos dijo, levántense, nos vamos para California.
Después mi abuela me dijo que no había tiempo para estar triste, que mi papá regre-
saría en cualquier momento y que no podíamos estar ahí cuando él llegara. Así es que
estoy aquí para vivir más cerca del hermano y la hermana de mi mamá. Estaba triste
cuando me vine, pero ya no. Lo superé. Fin de la historia...

No tengo muchas creencias. No tengo religión, aunque si tuviera que escoger
una, la que me interesa es Wicca. No puedo realmente especificar cuales son mis
principios morales.

Estoy en el último año de preparatoria. Ya casi se termina el año. Me
estoy haciendo mi vestido para la fiesta de graduación yo sola, pero aún no he
terminado. Ya terminé mi carpeta de trabajos para A.P. y siento todavía muy alto
el nivel de estrés. Voy a reprobar economía, lo cual me da algo de miedo. Lo

único que me importa en este momento es que terminé la preparatoria, lo cual siempre es una ventaja.

La idea de mi pintura proviene completamente de lo que ya les dije en los primeros párrafos. Me encontré un cuaderno viejo que había escrito antes de dejar Maryland que decía mucho de quien yo era antes de irme, así es que decidí mostrarme por medio del realismo, y en el fondo se encuentran pasajes al azar de los cuadernos que he escrito antes y después de mudarme. El enfoque se encuentra en mi cara, y muestra como me veía cuando empecé a hacer mi pintura. El único cambio que hay en la pintura es la chamarra que traía puesta (me gusta más la que está en el cuadro). Mis escritos empiezan en Maryland, o sea, muestran a la Lauren deprimida y odiosa. Hablan del letrero de ¨ se vende ¨ frente a mi casa y de cómo no sé cuando nos vamos a ir, y del día que nos fuimos a las 4:20 am, el 22 de junio de 1995, y de cómo me pregunto cual sería la reacción de mi papá al ver una casa vacía. Terminan hablando de la hechura de mi vestido para la fiesta de graduación, mi carpeta de trabajos de arte, pasar economía, y de cómo me está dando un ataque porque tengo que terminar todo eso mientras trato de terminar esta pintura al óleo. Pero lo superé, y ahora todo esta terminado. Fin de la historia...

En lo que respecta a mi futuro, todo lo que sé es que quiero hacer algo relacionado con las artes, moda, música y fotografía. Quiero mi propia tienda con tres conceptos principales: uno es la moda, el siguiente es un cuarto para presentaciones (tanto de moda como musicales), y posiblemente una tienda de discos. La universidad que elegí es FIDM, pero siento como si me fuera a perder de algo si voy ahí. Es muy cara, pero es una buena escuela. Creo que ahí voy a aprender mucho, es sólo que estoy asustada. Cuando salga de FIDM, o quizás mientras esté ahí, pienso tomar clases de fotografía junto con clases de bellas artes y música. Supongo que tengo todo el tiempo del mundo. No importa, porque todo va a funcionar y lo superaré. Fin de la historia.

Yesenia Argumedo

Me llamo Yesenia Argumedo. Tengo 16 años y actualmente asisto a la Preparatoria San Rafael. Una de las cosas que me gusta hacer es pasar tiempo con mi familia. Somos de México, un lugar en donde se valora mucho a la familia. Muchas de las otras cosas que me gusta hacer incluyen el practicar deportes, pasar tiempo con mis amigos y re-ordenar mi cuarto cada semana. También me encanta dibujar y pintar, que es la razón por la cual me metí a una clase de arte. La clase de arte es una de mis materias favoritas de la escuela. Es un lugar en donde los estudiantes pueden aprender y ser creativos.

A través de esta clase fue que pude participar en este proyecto. Nos pidieron que nos analizáramos profundamente y dibujáramos el tipo de persona que éramos. Me di cuenta de que tenía mucho que decir sobre mí. Primero, soy alguien que ha cambiado dramáticamente en los últimos años; ahora soy una persona más optimista y segura de sí misma que tiene muchas ganas de descubrir lo que le depara el futuro.

Me describo como una persona tranquila y amigable. Para mi pintura decidí usar un escenario natural, que resulta muy útil para producir un sentimiento de tranquilidad y paz, lo cual es una descripción de mi misma.

Mientras reunía ideas para mi pintura me pareció muy atractiva la obra de Monet. Por esta razón él fue una guía para usar la idea de los lirios en el fondo. También pinté saliendo del agua limpia y nueva, para simbolizar la nueva yo que se ha desarrollado a través de los últimos años, que ha madurado gradualmente y que se que ahora cuenta con una mente más abierta. En la pintura me puse viendo a un lirio con gran admiración, como si hubiera descubierto algo nuevo. Esto simboliza un mundo completamente nuevo que me abre sus puertas al entrar en la edad adulta, algo que deseo. Lo que fue más difícil para mí en el proceso de la pintura fue la creación de una riqueza de colores, e hice lo mejor que pude. Todo fue un reto para mí al principio porque ya había trabajado con otros materiales pero no con pinturas de óleo. Sin embargo me gustó trabajar con los colores, y creo que fue un proyecto divertido.

Me encanta el arte, es fascinante. Planeo seguir tomando cursos de arte para aumentar mi conocimiento sobre esta materia en general. Espero poder realizar en el futuro una carrera que satisfaga mi amor al arte.

Ben Stender

Como ya habrán notado, me llamo Ben Stender. Nací en San Francisco en 1982, lo cual indica que tengo 17 años. Viví en San Francisco hasta la edad de cinco años, y después me mudé a San Rafael. He vivido en San Rafael desde entonces, aunque no en la misma casa. De hecho, me he cambiado de casa tantas veces que ya ni me acuerdo del orden en el que viví en cada una. Tengo una hermana que se llama Emily quien actualmente va a la Universidad de California en Santa Cruz, y tiene 18 años. Además de estar bajita, también es muy linda. Mi mamá, Renee, es maestra de Primaria. Mi papá, que no vive ahora con nosotros, se llama Bill. Mi papá es dueño de una compañía de diseño en la ciudad (San Francisco) y tal vez él tuvo una de las influencias artísticas más grandes en mí. Es un gran artista.

Tengo una gran variedad de intereses. Lo que más me apasiona son los idiomas extranjeros, así es que espero convertirme en traductor algún día. Sin embargo, el arte que yo hago es muy importante en mi vida. Ha sido difícil el mantenerme enfocado en mi arte ya que mi papá, el artista, se fue en septiembre de este año, pero las cosas han ido mejorado gradualmente desde entonces. Lo que más me apasiona artísticamente es la caricatura, aunque mi maestra no siempre me deja hacer caricaturas todo el tiempo, así es que lo hago cuando no me esta viendo. En realidad no sé qué decir de mi pintura. De alguna manera refleja mis dudas para dibujar mi cara, o cuando menos no en forma de caricatura. Supongo que también expresa mi deseo de poder dibujar mi cara como yo quiera y no odiarla. La variedad de colores representa los tantos intereses que hay en mi vida, y todo parece que encaja en algún tipo de arte. Todos combinan entre sí de alguna manera u otra, de alguna forma está planeado.

El proceso de adquisición de mi idea para, finalmente, plasmarla en el lienzo fue un recorrido largo y difícil. Pasé por cuando menos 9 ideas diferentes y por grados de esas ideas antes de aterrizar en una. Sólo bastó que alguien dijera, *oye, esa es una buena idea*, antes de que me diera cuenta de que era una buena idea. Pero la volví dejar de lado. Finalmente, cuando tomé mi decisión, el proceso de pintura comenzó. Escogí esta idea porque me gusta mucho el arte abstracto y el cubismo, y también porque tenía que dibujar mi cara.

Originalmente había decidido usar colores brillantes, pero luego empecé a mezclar colores hasta formar tonos neutros, y luego cuando le puse estos nuevos colores a mi cara, decidí que me gustaron bastante. Los colores brillantes junto con los colores neutros forman un contraste muy bonito. El énfasis de la pintura se hace obviamente en la cara, y es por eso que decidí hacer un fondo sencillo pero interesante. El color del fondo también fue en error que resultó bien. El movimiento de la pintura se dirigía de arriba hacia abajo para que hiciera a mi cara verse mas larga y no tan ancha. La combinación de los colores unos junto a los otros creo que fue la parte más difícil. Hacer que los colores fluyeran unos con otros también fue algo difícil, especialmente con el enorme contraste de colores que hay en mi cara.

Lo mejor que saqué de este proyecto es obvio: aprendí a pintar al óleo, lo cual me pareció muy divertido. Me cuesta trabajo el estar contento con mi pintura, porque a veces soy demasiado crítico con mi trabajo. Quizás a veces me crítico de menos. Este fue un gran logro para mí, especialmente siendo un caricaturista.

Mi futuro en el arte continúa en el terreno del "dibujar cuando yo quiera". Mi futuro tiene algo que ver con arte, aunque se base en el campo de los idiomas. El dibujar siempre será apasionante para mí.

Juan Colonia

Me llamo Juan Colonia, pero la gente me conoce como " Johny". Tengo 18 años y estoy estudiando el último año de preparatoria en la Preparatoria San Rafael. Nací en Yucatán, México, que es considerado la "tierra de los indios mayas". Mis papás y toda mi familia somos de raza maya pura. Estoy muy orgulloso de quien soy y de donde vine. Tengo una hermana de quince años y un hermanito de seis. Quiero mucho a mi familia porque ella me hizo quien soy, y me enseñó sobre las raíces de mi cultura y de donde vine. También, mucho sobre el respeto. Estoy muy agradecido de las enseñanzas de mis padres, y muy orgulloso de ellos, como ellos lo están de mí.

He tomado clase de arte por casi dos años, pero antes de la clase de arte tomé una clase de cerámica. Esta clase era divertida e interesante, pero lo que a mí me gusta es el arte. Tengo muchos pasatiempos como jugar beisbol, futbol y, por supuesto, me gusta dibujar. Siempre que estoy en mi casa sin nada que hacer y muy aburrido me pongo a dibujar.

Mi pintura se considera alegórica / realista, por el hecho de que escogí una pirámide Maya para representarme a mí mismo, pero la pinté en estilo realista. Me interesa el dibujar cuadros relacionados con mi cultura, como pirámides, símbolos y diseños mayas y aztecas. También me interesa mucho el arte latino y los estilos de dibujo tradicionales como la rotulación inglesa antigua y los efectos de sombras. La razón por la que escogí pintar con blanco y negro es porque esto se ve mucho en el arte latino, y quería que mi pintura fuera única y sobresaliera de las demás. También decidí pintar mi apellido porque éste debería ser algo más que me representara, y porque estoy orgulloso de llevar el apellido de mi papá.

La clase de arte es un privilegio, y tengo mucha suerte de poder tomarla. En el futuro estoy dispuesto a continuar dibujando y a recordar siempre todo lo que mi maestra la señora Gardner me enseñó.

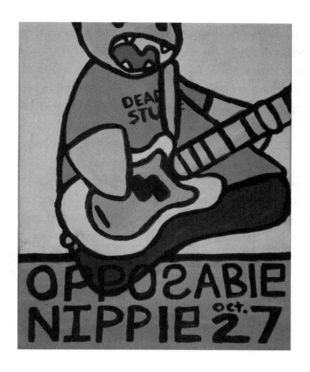

Justin Carder

Nací en un hospital grande, luminoso, resplandeciente y aséptico. Toda mi vida hasta ahora ha sido, de una forma u otra, un intento de regresar al hospital. Aunque he logrado ir al hospital varias veces desde entonces, nunca he conseguido el mismo sentimiento de seguridad de la sala de maternidad. Después de salir del hospital pasé seis años en un condominio de departamentos en Lincoln Ave. Los primeros tres están un tanto borrosos, y después de eso puedo recordar paletas heladas de limón, al loco encargado, el kinder, mi nana Laura, las visitas sabatinas de mi papá, y los juguetes que me traía mi mamá cuando regresaba de Reno. Me salí del departamento para irme a vivir a la casa de mi papá, y ahí he vivido desde entonces. Ahora tengo 18 años y mi cumpleaños es el 31 de diciembre. Desde que vivo con mi papá me he roto el brazo, el tobillo, he tenido varicela, el chequeo de cada seis meses, y algún virus ocasional. También he visitado el hospital con mi mamá varias veces, y cuando mi papá tuvo un infarto. Eso pasó hace como dos años, creo. Trabajo en el Centro

Cinematográfico Rafael con prácticamente casi todo mi grupo de amigos. No he tenido que ir al hospital desde entonces.

Mi casa es de tres pisos. Mi papá vive en el de en medio, yo vivo en el de hasta arriba con mi mamá, y el piso de abajo se convirtió en un espacio práctico, semi-estudio, al cual me refiero cariñosamente como el Centro para el Aprendizaje Experiencial. Nunca he buscando en un diccionario la palabra "experiencial" pero no creo que sea tan mala. Al principio tenía miedo de que fuera a ser algo malo, o incluso peor, irónico. Pero ese miedo se me pasó en un abrir y cerrar de ojos. De todas formas siéntanse libres de buscarla si tienen un diccionario a la mano, y escriban la definición en algún espacio en blanco de esta hoja. Y si alguien intenta molestarte, te ve raro, o te pregunta que es lo que haces, diles que intentas pasarle algo de conocimiento a la mente de un adolescente equivocado. Como sea, estoy en una banda que se llama Opposable Nipple, y nosotros gobernamos el mundo. ¿Qué nunca has oído nada sobre nosotros? Tal vez estamos colocados demasiado alto en la jerarquía para que alguien pueda siquiera comprender nuestra existencia. Somos dueños de Bill Gates. Podrías habernos visto tocar en el centro MIYO para adolescentes el 30 de junio, pero ya que somos tan importantes y algunas personas no saben ni siquiera que existimos, nos olvidó completamente al organizador. Creo que ese es uno de nuestros poderes mágicos. Tal vez lo mandemos al hospital si continúa igual.

Mi pintura es un diseño hipotético de un folleto publicitario para un concierto hipotético que se llevará a cabo en el futuro hipotético. Me muestra como un guitarrista azul claro con una playera naranja y pantalones azules. Se considera como alegórica porque tiene el nombre de mi banda y de mi guitarra en ella. A veces tocamos heavy metal, y a veces tocamos en el arenero. Me fue fácil hacer esta pintura porque está en estilo de caricatura, y tengo una inclinación natural a dibujar así porque así es como yo veo. Me puse dientes filosos porque me hace parecer peligroso. Esta pintura es importante para mí por el color azul que tiene mi piel. Creo que significa que soy frío. Quizás que tengo un resfriado. Creo que necesito cuidados médicos, ¿puedo ir al hospital?

Terry Legg

Tengo 18 años. Nací en Lexington, Kentucky, y me mudé a San Rafael cuando tenía cuatro años. Siento que he crecido en el condado de Marin porque he vivido aquí casi toda mi vida. Siento que estoy conectada con Marin, y me consideró una niña de aquí. Mi familia en California está compuesta por mi mamá, mi papá y mi hermana mayor. Estoy muy unida a mi familia y siento que son parte de mí. Otro aspecto importante de mi vida es mi interés por el atletismo. He competido a campo traviesa y en equipos de pista durante la preparatoria. Mis experiencias en jogging han moldeado la forma en que vivo la vida. Al correr a través de los senderos del Condado de Marin he aprendido a apreciar la naturaleza a un nivel más alto. Una de las creencias más importantes en mi vida es la conciencia y preservación ambiental. También creo firmemente en la importancia de aceptar y tratar de comprender a otras personas. Mis papas me han inculcado que todo el mundo merece respeto y tolerancia de sus ideas y creencias únicas, y trato de aplicar este valor en mi vida diaria.

Mi pintura es abstracta, en idea y en ejecución. Es una representación de mí misma sentada en la sala, viendo mi propio reflejo en mi taza de té. Escogí representar esta escena porque el tomar té y estar sentada conmigo misma es una actividad muy relajante. Así es como encuentro consuelo y cordura después de un día muy estresante.

El proceso de romperme la cabeza para encontrar una idea para mi pintura fue muy difícil. Fue un reto el crear una imagen que representara realmente quien soy. Finalmente me decidí a pintar "Viéndome a través de una taza de té" *(Looking at Myself through a Teacup)* porque me mostraba en un momento muy íntimo, y pensé que esta intimidad era la mejor representación de mí.

La creación de mi pintura fue una experiencia de aprendizaje. Tengo muy poca experiencia en óleo y fue muy interesante el trabajar con un nuevo material. Disfruté el trabajar con óleo porque se seca muy lentamente, y en este sentido puede ser muy indulgente porque te permite hacer cambios incluso dos o tres días después de que empezaste a pintar. Utilicé los elementos de color y textura en mi pintura. Usé el color para darle contraste y enfoque a mi pintura. Usé un tono muy vibrante de ultramarino francés para la taza porque es la idea central de la pintura. El color rojizo que usé para el color del té fue una cualidad relajante, y contrasta con la vitalidad del ultramarino. Los colores más opacos como el tenue verde-azul de mi blusa y un gris para mis pantalones crean los elementos de fondo de mi pintura. En lo que se refiere a la textura, quería representar lo líquido y las cualidades de una cierta transparencia del té. Trabajé con la luz y las sombras para crear mi propio reflejo. También trabajé con la textura en el fondo, salpicándolo con café, negro y después blanco, lo cual creó la textura rugosa tipo alfombra que quería. A través de la creación de esta pintura aprendí que me encanta pintar. Espero volver a utilizar el óleo en el futuro.

Sé que voy a continuar dedicándome a las artes de una forma u otra. El arte y el proceso creativo son muy importantes en mi vida. Me siento afortunada de haber formado parte de este proyecto de autorretrato. Ahora tengo una pintura que puedo conservar y volver a ver cuando sea más grande. Será una representación de mí misma a los 18 años.

Chister De Leon

Me llamo Chister De Leon y voy a la Preparatoria de San Rafael. El propósito de esta pintura fue representarme a través del óleo sobre un lienzo. Desde chiquito he estado involucrado con el dibujo y la pintura, ya que el arte es una de las formas que uso para expresar las emociones profundas que llevo dentro. Alrededor de todo el mundo el arte es una de las maneras que la gente utiliza para expresar su estilo de vida y cultura. Ser Latino es algo de lo que estoy orgulloso y, puesto que no sé muchas cosas sobre mi propia cultura, la pintura es la mejor manera de aprender algo al respecto. Somos once hermanos en mi familia, y me considero único. La educación representa para mí un camino hacia una vida mejor.

Escogí el realismo porque me gustó mucho como se ve ya terminado. Mi composición muestra lugares que me gustaría explorar. Esta pintura se considera realista, y recursos como el libro de Picasso y mi retrato vinieron de una fotografía blanco y negro. A través de la pintura al óleo aprendí diferentes técnicas para trabajarla.

Hacer arte me mantiene ocupado y fuera de las drogas. Este año hice un portafolio en una clase de Arte Avanzado, y lo voy a mandar para que me cuente como créditos en la universidad. El ser un estudiante en una clase avanzada ha cambiado mi visión porque sé ver todo artísticamente y con mayor apreciación. Aunque tengo mucho talento, en este momento no me veo dedicándome a las artes como profesión.

Sydni Downs

Tengo 16 años, y acabo de terminar mi primer año de preparatoria en San Rafael. Además de hacer trabajos artísticos, duermo, como y trabajo. Tengo dos trabajos: trabajo en el centro cinematográfico de San Rafael (el nuevo cine en Forth Street), y mi otro trabajo es en un restaurante chino que se llama Yet Wah. Entre el trabajo y la escuela no tengo mucho tiempo para mí.

Mis papás están separados, entonces vivo con mi mamá entre semana y con mi papá los fines de semana. Tengo una hermana más chica, una más grande y un hermano más grande. Aunque mis papás no se llevan bien, nos quieren mucho a mis hermanos y a mí. No soy una gran fanática de la preparatoria en general. Personalmente me cuesta mucho trabajo la escuela, y es difícil para mí entender siempre cual es el punto de pasar por tanto sufrimiento para el producto final que ni siquiera estoy segura de querer. Pero otros días siento que tengo suerte de tener lo que tengo y siento que no debería de ser tan negativa y que no debería dar mi vida por sentada. Mis principios, que no han cambiado a través de los años, son los básicos: todo el mundo es igual, trata a los demás como quieres que te traten, y cualquier cosa que hagas se te regresa por triplicado.

Las ideas que se me ocurrieron para mi pintura vinieron en su mayoría de los bosquejos, hablar con mi amigo (a) y de la retroalimentación de mis compañeros de clases. El esquema de color lo saqué de Thomas Hobbes. La idea de la mujer sentada en la silla fue de una obra de Edward Hopper. Mi pintura cae dentro de la categoría del realismo. La textura y el color se usan para crear sentimiento y simbolismo. El verde pálido le da a la pintura un sentimiento de tranquilidad que contrasta con la vivacidad del rojo afuera de la ventana. La textura de la pintura es muy sosa (plana), no hay mucho movimiento, y el énfasis está en la figura. El rojo de afuera de la ventana se utiliza para simbolizar el peligro, el verde es para simbolizar la comodidad y la seguridad. Hay una dirección que se creó por la relación entre la figura y la ventana. Pintar este rojo al óleo es mucho más difícil de lo que parece, pero puedes hacer muchas cosas que no puedes hacer con otro tipo de pinturas. Es un material mucho más permanente. También aprendí mucho sobre mi misma, aprendí que cualquier cosa se puede arreglar, no importa que tan difícil sea la situación.

Mi futuro en el arte probablemente consistirá en tomar clases de arte en la universidad, e incluso quizás una carrera en este campo. Disfruto mucho el arte y siempre será una pasión para mí, no importa en lo que trabaje para obtener dinero. El dibujar o la creación de arte en general siempre me ayuda a poner en orden mis sentimientos y a ver hacia dentro. El arte puede ser muy terapéutico y calmante. Yo encuentro un escape a mi vida a través de él, lo cual creo que es una de las maneras más positivas en las que pueden hacerlo los adolescentes.

DeLane Noonis

Todos me dicen DeLane. Tengo 16 años y soy un esclavo de la Preparatoria San Rafael. ¡Éste es mi tercer año en la institución! Vivo en San Rafael Marin. Soy sóloe otro niño blanco americano que vive en California. Me gusta andar en patineta, gastar dinero y practicar casi cualquier deporte. No estoy acostumbrado al agua, pero si la tengo frente a mí me gusta surfear, nadar o cualquier otra cosa que se pueda hacer en ella. Me gusta usar mi tiempo para verme atlético y cuidar mi cuerpo y estar sano. En este momento vivo con mi mamá, en un departamento, solos. En este cuadro trate de pintarme como pensé que me veía desde dentro de mí. Es una pintura alegórica de mí mismo. La figura soy yo, bueno, se supone que soy yo. Los colores que escogí son colores cálidos en la rueda de los colores, y muestran mi personalidad, muchas veces con mal carácter y que juzga muy rápido a la gente.

Justo en medio de la pintura sobresale una *identificación*, la única cosa que puede controlar mis acciones. Desafortunadamente, a mi edad, la *identificación* controla la mayoría de las cosas que hago. En términos psicológicos, supongo, la identificación es la pieza de tu cerebro que te impulsa a satisfacer tus necesidades, buenas o malas. No estoy seguro de porqué escogí que esto estuviera en mi cuadro, pero entre más lo veo y analizo más sentido tiene para mí. No me gusta dibujarme o pintarme, principalmente porque no creo que soy bueno para eso, pero con esta obra siento que hice un buen trabajo. Supuse que si no puedo dibujarme desde afuera podría hacerlo desde adentro. Estoy en mi segundo año en la clase de Arte, Arte Avanzado. Con este proyecto aprendí como utilizar el óleo, una nueva forma de pintar a la que no estoy acostumbrado. No creo que me dedique al arte como una carrera, pero siempre voy a hacer creaciones por mi cuenta, y voy a poder ayudar a otros a crear arte. Como conclusión para esta obra, me gusta.

Crissy Martin

Christine Doreen Martin, el nombre completo que me pusieron cuando nací. Sin embargo, si realmente me conoces, me vas a decir Crissy. Nací en San Francisco en 1982, y he vivido en San Rafael la mayor parte de mi vida. Soy una estudiante de 17 años cursando el 2o año en la preparatoria San Rafael, y me voy a graduar en el 2000. Entré a la clase avanzada de Arte un semestre tarde y tuve mucha suerte de poder formar parte de este maravilloso proyecto. Para entender mi trabajo, primero deben entenderme. Tengo un origen muy mezclado entre italiano, asirio, alemán, e incluso un toque de indio cherokee. Me encanta el arte, y no sólo eso, sino que me encanta hacer arte. Hay algunos buenos artistas en mi familia, así es que, afortunadamente para mí, llevo el arte en la sangre. Mi familia estimula mucho mis habilidades artísticas, y somos muy unidos.

Además del arte, las otras cosas que me apasionan son el boliche y el estar en contacto con la naturaleza. Hace tres años empecé a practicar el boliche en Petaluma.

Mi promedio es de 140, lo cual está bien, aunque me encantaría verlo subir. En este momento mi primera opción para una carrera es el convertirme en una jugadora de Boliche profesional. Sin embargo, a cualquiera que le diga esto me dice "Pues sí suena bien, pero yo tendría una segunda opción". Cuando no estoy en el boliche me encanta estar en contacto con la naturaleza. Me siento en paz cuando voy manejando por una carretera rural bonita o trepando a una montaña. Si alguna vez me siento presionada o estoy enojada busco alguna carretera agradable sin tráfico, pongo música y me voy a manejar.

La inspiración para mi pintura vino de uno de mis tantos paseos. Es una representación alegórica de mi vida. Las colinas en el fondo las saqué de una imagen en mi mente de las colinas junto a la Reserva Nascio. Mi obra se ha descrito como una leve representación del arte folclórico. Todo lo que quería era usar colores vivos y vibrantes para expresarme. El ángel y el diablo simbolizan lo bueno y lo malo en mi vida. El ángel sostiene una paloma blanca que simboliza la paz que deseo. El demonio sostiene un corazón porque el amor no ha sido fácil para mí hasta ahora.

Mi pintura no es nada de lo que yo esperaba hacer. Hice bosquejos para ayudar a sacar ideas sobre que hacer, pero no usé ninguna de ellas. Ni siquiera seguí el bosquejo de mi lienzo. Cuando pinto, sólo hago lo que sea que yo sienta que va ahí. Cuando estaba pintando el paisaje me sentí como Bob Ross el pintor, porque decía todo el tiempo: "Mmm, creo que aquí debería de haber un arbolito feliz, y un poquito de color por acá". Bob Ross es una gran inspiración para mí porque me encanta pintar paisajes.

En cuanto a mi futuro en el arte, realmente no tengo idea. Tal vez haga cosas artísticas solamente como actividad alternativa o en mi tiempo libre, ya que espero convertirme en jugadora de boliche profesional y voy a andar de gira bastante. Mi vida futura me parece muy lejana porque vivo mi vida al máximo, un día a la vez.

Silvia Hernández

Mi pintura se considera alegórica. Representa mis sueños, mis sentimientos y mi punto de vista sobre la vida. Mi pintura tiene un hermoso cielo azul. El color del mar es azul y verde pastel, y representa mi estado de ánimo conforme cambiaba. Mi mano está sosteniendo una caja de cristal con un gato adentro que representa los sentimientos que tengo sobre mi vida, porque quiero crear mi propio mundo.

El pasto en la caja de cristal representa mi espiritualidad. La salida del sol en la mano representa mi vida, porque cada día empiezo un nuevo día. El bosque expresa la libertad. Me gusta esta pintura porque expresa mis sentimientos. Al hacer este proyecto aprendí muchas habilidades. Esta experiencia fue genial porque nunca antes había hecho una pintura al óleo.

Warner nos ayudo mucho porque nos enseñó como trabajar con óleo y arreglar nuestra pintura cuando cometíamos algún error. También me enseñó que el arte no es solo una clase, sino un sentimiento.

Mark Paige

Hola, me llamo Mark Paige, tengo 17 años, y estoy en el segundo año de prepa en la preparatoria San Rafael. Me gusta jugar Football Americano y Baseball. Tengo dos hermanas con las que me encanta estar, una de 21 años y otra de diez. Vivo con mi mamá que trabaja como orientadora de adolescentes. Mi papá vive en San Pablo y trabaja en la construcción. Trabajo en Safeway como empacador.

Mi pintura es una pieza alegórica. Saqué la idea para hacer esta pintura al óleo de una fotografía mía de hace tiempo. Empecé por poner mi número de camiseta de Americano en el poste de gol con un número en medio. Se me ocurrió la idea del poste de gol porque vivo para el football y solo pienso en eso. Los audífonos a la izquierda representan a la música. Me gusta escuchar música todas las mañanas mientras me visto para ir a la escuela, y antes de acostarme. Conforme van hacia abajo pueden ver ese reluciente carro rojo. Es mi carro, lo quiero mucho y no entiendo cómo pude vivir sin él. Volviendo hacia la parte de arriba en la derecha se puede ver una caña de pescar. Representa todo lo que me divierto cuando mi papá y yo vamos a pescar. Pescamos cuando sea que podamos, y siempre termino siendo el que saca más peces. Hice el fondo combinado porque todas las imágenes de mi pintura me describen perfectamente. Digo eso porque todos los colores que mezclé son mis favoritos y, como pueden ver, formaron un fondo muy chido. Mi cara sólo da una idea de cómo luzco. Fue un gran reto para mí porque quería quedar perfecto y verme exactamente como soy. Traté de hacer que se pareciera pero fue muy difícil. Aprendí a dibujar mis rasgos bastante bien. Así es que creo que fue una excelente experiencia para mí.

No me veo como un artista serio, pero si me dan un proyecto trataré de hacer lo mejor que pueda. No puedo verme yendo a la universidad para tomar una clase de arte, pero si tengo que tomar alguna clase de arte para obtener créditos o algo así pues sí lo voy a hacer. Lo hago más bien por diversión. La clase de arte en la que estoy ahorita es una clase divertida y desafiante para mí porque es mi segundo año en esta clase.

Espero que hayan disfrutado leyendo sobre mi pintura y viéndola. Le dediqué mucho tiempo y esfuerzo para que se viera lo mejor posible.

Sorcha Durham

Sorcha Flanna Durham es mi nombre, pero en realidad, ¿qué hay en un nombre? Para poder etiquetar realmente a mi ser entero voy a tener que decirles quién soy en verdad. Soy escritora, poeta, artista, pero aún más importante, soy una historia viviente. Esta historia llamada "Sorcha" es una incorporación aleatoria de los miles de valores, experiencias, aspiraciones y miedos que han venido a conocerse como *yo*. Por ahora soy un zombie deambulando subconscientemente por esta cosa que se llama vida. Pero no me malentiendan: sé que tengo un propósito, sé que estoy aquí por alguna razón indefinida, quizás para compartir todo lo que veo, siento y he podido aprender. Aunque hay muchas partes de mí que me encantaría compartir con ustedes, dejémonos de cosas. Soy artista, siento como si mi propósito por ahora fuera el mostrarle al mundo todo lo que siento al darle vida a esto sobre un lienzo.

Inspirada en por los estilos con libertad de movimiento del Art Nouveau, usé ideas de la obra de Alphonse Mucha combinados con la naturaleza para crear mi composición final. El sentimiento color expresaría la viveza de mi idea, y elegí colores contrastantes (amarillo cadmio y morado malva) en el centro de mi obra con la esperanza de darle más atención a la mujer porque ese es el centro de todos los elementos del cuadro. La sombra de mi pintura la acentúa de forma sobresaliente, y el formato cíclico de la composición le da un sentimiento de fluidez, enfatizando la unión de los cuatro elementos y de la naturaleza. El movimiento de mi pintura se libera desde la mujer: el corazón del lienzo. Esta fluidez en el movimiento que se encuentra, aún así, sincronizado, obedece a mi idea original de hacer que todo venga de ella.

Como cualquiera en este mundo, no tengo idea de lo que me depara el futuro. Sueño con ir a una escuela de bellas artes, pero quizás no hasta que esté en una edad muy avanzada. Mi futuro en el arte es concreto; va más allá de un pasatiempo para mí, es una terapia personal de la que sin duda alguna dependeré durante toda mi vida. Este proyecto de autorretrato ha sido la procreación de mi compresión de que el arte es lo que me define, y todo lo que soy reside en esas cuatro pequeñas letras. No puedo comprender cómo logre sobrevivir, antes de tomar mi primera clase en el otoño de 1997, sin la liberación que representa el arte. Desde que lo descubrí muchas cosas dentro de mí han cambiado, para bien y para mal. Ahora sé que mi vida jamás volverá a ser igual con él, pero no puedo concebir la posibilidad de ir por esta locura llamada *vida* sin poder sacar los miles de sentimientos que tengo hacia la libertad que trae consigo el arte.

Heather Freinkel

Tengo dieciséis años, y estoy terminando mi segundo año de prepa. Además de crear trabajos artísticos, me gusta escuchar e interpretar música, y andar en patineta. Vivo con mis papás en San Rafael. He vivido en el mismo lugar toda mi vida. Tengo una hermana que también es artista. Tiene 19 años y va a la Universidad de California en Santa Cruz. En mi clase de arte de la escuela otros cinco estudiantes y yo hicimos, el año pasado, portafolios profesionales de diapositivas para mandarlos ante un jurado al final del año. Estoy feliz de terminar este segundo año en la preparatoria San Rafael, porque me estoy acercando a la graduación y a seguir adelante con mi vida, pero se que el último año va a ser muy pesado.

      Todas las ideas que se me ocurrieron para esta pintura salieron de los bosquejos y de pensar sobre mí misma y sobre lo que podría pintar que me representara físicamente y mostrara mi personalidad. Es una pintura simbólica. Las caras y los diversos brazos separados representan diferentes aspectos de mi personalidad. Como adolescente y como persona he asumido los papeles de estudiante, amiga, e hija. Pero además de las relaciones con las demás personas en mi vida, esta pintura también representa quien soy para mí misma. Los elementos de diseño en los que me enfoqué son la línea y la forma. Usé la línea para dar énfasis a la luz en la parte alta de la composición, y para crear una dirección diagonal con los brazos. También usé la forma, esto para crear la textura lisa de la sombra naranja-rojiza tras la figura. Sólo había utilizado el óleo muy pocas veces, así es que hacer un proyecto tan grande con este material fue una gran experiencia de aprendizaje. Descubrí muchas técnicas nuevas, y encontré unos cuantos problemas con los que tuve que trabajar. La pintura al óleo es un material realmente único, y tengo muchas ganas de volver a usarlo en el futuro. Todavía tengo mucho que aprender, y creo que puedo lograr muchas cosas cuando entienda mejor este material

Mi plan es continuar creando trabajos artísticos por mucho tiempo, quizás por el resto de mi vida. Este verano pienso tomar una clase de dibujo de figuras para estudiantes de preparatoria en el colegio "Academia de Arte" en San Francisco. Espero continuar aprendiendo sobre arte y la creación de arte a través de experiencias y de clases. Siempre voy a estar aprendiendo y viendo cosas nuevas de las que pueda aprender y que pueda usar en el proceso de la creación de obras de arte, y en mi vida.

John ¨Jack¨ Murphy

Hola a todos, díganme Jack. Tengo 17 años y veo una buena cantidad de caricaturas. Me gustan las caricaturas. Soy un Comedor de Cheetos Caucásico, y me gustan las caricaturas. Me gusta todavía más tocar mi guitarra, o sacar copias raras, pero definitivamente me gustan las caricaturas.

Manejo el carro de mi papi que es verde y tiene teléfono celular. Mi papi juega con mucho dinero todo el día, es completamente americano, y sabe hacer mejor carne asada que tu papá.

Mi hermano Andy (15) también es totalmente americano, y su vida gira alrededor del baseball y la canción de la película "Men in Black". Mi hermana Scarlett (19) tiene Parálisis Cerebral y es inválida física y mentalmente, pero me recuerda las cosas importantes y nos mantiene a raya. Mi mamá murió en Octubre pasado después de una lucha de ocho años contra el cáncer, y la extraño mucho; era la persona más genial del mundo.

Mi historia es como sigue: Soy un Murphy, irlandés, pero también tengo ascendencia de otros orígenes étnicos en mi sangre. Mi logro más grande ha sido el ser rey del cajón de arena en el kinder. La escuela es en general bastante desconcertante y excluyente.

Mis principios morales y mis creencias aun deben ser refinados, pero tengo bases de una familia protestante, y soy un miembro algunas veces activo de la Iglesia Luterana de la Trinidad.

Supongo que mi pintura es un retrato alegórico surrealista, pero la intención era simplemente mostrarme como un personaje de caricatura. Siempre ha habido cuando menos doce diferentes facetas de mi personalidad que forman diferentes criaturas caricaturescas, pero esta es la suma de todas mis partes. Utilicé tanto líneas rectas como líneas borrosas y punteadas con una palabra danesa sin sentido escrita arriba. La mirada firme y excéntrica parece que ha sido la mejor manera de revelar la franqueza y lo aleatorio de mis obsesiones.

Este cuadro se beneficia del contraste entre los colores brillantes y los tonos pasteles. Uno puede atravesar estas pinturas.

Como dijo David Byrne: *Time is a pony ride* (El tiempo es un paseo a caballo)

Jaime Monterrosa

¡Hola, que tal! Soy Jaime Monterrosa, y estoy en el último año en la Preparatoria San Rafael. Me ha interesado el arte desde que empecé el primer año de prepa, y a través de los años me he vuelto cada vez mejor. Yo pensaba que el arte era simple y muy fácil, pero me di cuenta de que es más difícil de lo que creí. En mi tiempo libre me gusta jugar baseball, basketball, soccer, y jugar algunos videojuegos. También me gusta escuchar todo tipo de música, excepto country y heavy metal. Mi familia me apoya y respetan mis decisiones.

La escuela es de cierta forma divertida. Especialmente me gustan las clases de historia porque me gusta aprender sobre el pasado y sobre otras culturas. Cuando obtuve mi idea para la pintura quería hacer un retrato realista alegórico para mostrar dos culturas que hicieron casi las mismas cosas, por ejemplo: las pirámides, un sistema de escritura y el sol eran importantes para las culturas Egipcia y Maya. Estaba asombrado de los logros que estas personas hicieron en su tiempo.

El arte me ha dado una manera de mostrar mis conocimientos para incorporarlos en mi pintura. He descubierto que el arte es una verdadera representación de la historia porque da pruebas documentales del tiempo y lugares a través de las culturas. El trabajar con óleo fue difícil y complicado. Me costó mucho trabajo mezclar colores y obtener los que quería, pero se sentía como si tuvieras que pintar más para poder obtener el color que querías.

Voy a mantener el arte como un pasatiempo ya que es una forma de liberar tus sentimientos y es un reto al mismo tiempo que diversión. El arte me ha enseñado a apreciar el arte y los trabajos de todos los artistas.

Capítulo Tercero

Presentación de casos de niños en México

José Carlos

Caso Típico de Trastorno por Déficit de Atención

José Carlos tenía doce años cuando vino a vernos el 2 de Febrero del 2003 para que se le diagnosticara. Su problema era Trastorno de Déficit de Atención: distracción, tics, dificultad para leer y para entender bien, tendía a dejar sus tareas para más tarde y no podía terminar ningún trabajo que se le encomendara; además, no era puntual en ninguna de sus clases.

El Dr. Carlin y yo comenzamos tomando las medidas de José Carlos y encontramos que eran muy inestables en las cuatro áreas – Electromiograma I, Electromiograma II, Electrodermorespiración y Temperatura. Entre los rangos normales y sus resultados había grandes discrepancias. Estas discrepancias eran las siguientes: EMG I, 0-10 de 5.5 cambió a 15.5 y después a 25.7 micro voltios en un lapso de 10 minutos. Estos cambios siguieron produciéndose durante otros diez minutos proporcionando diferentes variables.

Las mismas secuencias de cambios ocurrieron en el Electromiograma II: de 0-10 primero obtuvo 12.5, seguido por 18.6 y finalmente por 27.8 micro voltios. Sus resultados cambiaron varias veces.

Existían diversos factores externos a ser considerados en el momento en que se obtuvieron estas medidas. En primer término, cuando un paciente está sometido a la tensión de un examen, la homeostática de la persona puede verse afectada por el miedo, por las caraterísticas del entorno y por estímulos externos como el ruido y otras condiciones, tanto internas como externas que afectan sus respuestas al momento de llevar a cabo el tratamiento. Pero además, y más importante, pudiera ser que el niño tal vez tuviera una infección además de un ritmo biológico inadecuado.

Test HTP

También llevé a cabo una evaluación de terapia del arte con el House-Tree-People test (Buck, 1948). Los dibujos muestran el test HTP (Casa-Árbol-Persona) de José Carlos; indica, en general, que el ambiente de Carlos está en orden, pero sus relaciones sociales son débiles. La relación con su padre está limitada, y la que tiene con su madre se basa en la necesidad. El hermano recién nacido ha obtenido la mayor parte de la atención de la madre y por esto no se siente unido con la familia.

Otra circunstancia importante para José Carlos es que ya entró a la pubertad, lo que puede ser un factor de desconexión mientras busca su nueva identidad.

Nuestro objetivo en la Terapia del Arte era desarrollar la autoestima de José Carlos a través de los cinco niveles de autoestima de Howard Reasoner, dibujar quién soy yo, a dónde pertenezco, cuál es el sentido de mi vida, qué tan competente soy y qué tan seguro me siento. Se llevó a cabo una serie de dibujos de formación de la autoestima con Carlos para incrementar su autoestima.

Al mismo tiempo le dimos tratamiento de Biofeedback y Neurobiofeedback. Se completaron 18 sesiones dos veces por semana durante cuatro meses, y los resultados fueron los siguientes: La fisiología de José Carlos se estabilizó y sus medidas eran las siguientes: EMG II (0-10) 4.5 EMG II (3-13) 6.2 EDR (4-14) 7.2 TEMP 89-99F 91.2F. Mantuvimos estas medidas estables durante 6 semanas antes de que terminara con el tratamiento de Biofeedback.

Los padres de José Carlos dicen que se ha vuelto muy amable y responsable, además de que sus calificaciones en la escuela son de 80-90 y 100. Su calificación en conducta dice que su conducta en la escuela es "muy buena". Tiene calificaciones de Muy Bien y Excelente en su puntualidad a clases. José Carlos terminó satisfactoriamente su terapia y mejoró tanto su atención como su rendimiento académico.

También me preocupé por tratar la vida familiar del niño, sus interacciones y la relación con sus padres. Utilicé la terapia educativa con los padres del niño para ayudarles a entender y amar a su hijo de una mejor manera. Trabajé con los padres de José Carlos en las áreas de interacción social, responsabilidad, establecimiento de límites y de recompensas por buena conducta.

En general suelo fomentar principalmente la espiritualidad, ya que las actividades religiosas ayudan a crear conductas sanas y una mayor comprensión entre los miembros de la familia. Estos métodos se explican en el capítulo cuarto: Cómo educar a su hijo problema.

Cynthia Alejandra

Un caso de Dermatitis

Cynthia, una niña de 10 años, llegó a vernos porque la envió uno de los médicos en nuestro edificio después de haber conocido el tratamiento con Biofeedback. Una de las dificultades que tenía Cynthia es que era rechazada en la escuela por su aspecto. Era común que los otros niños le dijeran que estaba contaminada, se mantuvieran alejados de ella y le pusieran apodos por que padecía de dermatitis. Como resultado de esta situación Cynthia tenía una baja autoestima y no podía estudiar bien por los problemas en la escuela. Sus padres me informaron que se les había advertido por última vez que tendrían que sacar a su hija de ahí. Cynthia había estado tomando medicina para tratar la dermatitis casi toda su vida. Su tratamiento con Biofeedback comenzó en el año 2002 durante 21 días utilizando EMG I Electromiograma, EMG II Electromiograma, EDR Electro-dermo-respiratorio y Temperatura. También se integró terapia para incrementar su autoestima con procesos de Terapia del Arte.

Después de esos 21 días la cara de Cynthia cambio casi en un 85% y ya le iba mucho mejor en la escuela, y después de tres meses de entrenamiento con Biofeedback, Cynthia ya se sentía segura de sí misma y se encontraba dentro de los mejores promedios de su salón. Sus padres estaban muy contentos puesto que su vida había vuelto a la normalidad.

A partir de su tratamiento, que duró un año y medio, Cynthia ya no ha tenido problemas con la dermatitis ni con su aprendizaje en la escuela. De hecho, los cambios positivos no se han revertido. Cynthia ahora tiene calificaciones de 10 y es la mejor de su salón. ¿Cómo logramos esto? Aquí está nuestra formula y nuestra receta para su tratamiento:

Instrumentos de diagnóstico

Los instrumentos de diagnóstico usados en este caso, fueron los siguientes:
- EMG I EMG II EDR TEMP
- 21 sesiones de Biofeedback General
- Test HTP Casa Árbol Persona
- 12 semanas de incremento de la autoestima por medio de Terapia del Arte utilizando los cinco niveles – identidad, pertenencia, seguridad, objetivo y competencia.

El Test de Autoestima de Howard Reasoner se utilizó en las escuelas del Condado de Marin, al norte de California, Estados Unidos, en donde yo se lo apliqué a más de mil niños por año. La investigación tardó 3 años para desarrollar la autoestima de los niños a través del Programa de Terapia del Arte en las escuelas. Estos tests se aplican para determinar el nivel de desarrollo emocional del niño y para evaluar su progreso.

A Cynthia se le hizo este test antes y después de la terapia para poder evaluar su caso más detenidamente. Cynthia tuvo buenos resultados en la Inteligencia Emocional. La teoría de las inteligencias múltiples se describe más ampliamente en Gardner, H (1983). *Frames of mind; The theory of multiple intelligences*. New York Basic Books.

Este es un dibujo de Cynthia cuando terminó la terapia, y refleja que ella está contenta consigo misma.

Daniel

Un caso de asma y alergias

Daniel es un niño de 13 años que sufría de hiperactividad, asma, trastorno de déficit de atención y le faltaba comunicación y socialización con su familia. Su mamá ya estaba cansada de darle medicina para los resfriados y el asma por lo que había cambiado recientemente a la medicina homeopática.

La medicina homeopática se utiliza mucho en México, mientras que en Estados Unidos es menos conocida por el uso tan extendido de la medicina alópata convencional. Daniel también había tomado Ritalin por un tiempo, pero no había obtenido buenos resultados con ninguno de los tratamientos que había llevado.

El niño comenzó su tratamiento de diagnóstico el 3 de Octubre del 2002 y terminó el 3 de Marzo del 2003. Por un periodo de 4 meses nos enfocamos al tratamiento de los diversos síntomas de Daniel. El trabajo que teníamos por hacer era corregir su respiración que era lo que ocasionaba el asma, y hacerlo olvidar sus fantasías, además de entrenarlo con Neurobiofeedback para que tuviera más ondas Beta y así equilibrar sus ondas cerebrales.

Otra de nuestras tareas era quitarle las alergias y normalizar su sistema nervioso. Utilizamos mucho el entrenamiento por Electroencefalograma con Temperatura y EMG I y II.

Durante el periodo de 4 meses solucionamos todos los problemas de Daniel. Su madre nos informó que su rendimiento académico había mejorado increíblemente, que dormía y comía mejor y que estaba teniendo muy buenos resultados en el futbol por su atención y concentración en el balón, algo que nunca antes había experimentado.

Daniel ya no sufre de asma y todas sus alergias anteriores desaparecieron, con lo que su estado de salud actual es excelente. No hemos recibido ningún reporte de problemas con Daniel desde que terminó su tratamiento en Marzo del 2003.

Una nota de Daniel mientras cumplía con sus tareas y se preparaba para un examen, indica:

El martes tuve un examen de Biología. Me di cuenta de que me acordé de todo lo que estudié y de que durante el examen no estaba distraído con otras cosas. Estaba muy concentrado.

El miércoles tuve, de Historia y de Inglés. Me pasó lo mismo que el martes.

On Tuesday I had a Biology exam. I noticed that I remembered all that I had studied and that during the exam, I was not distracted with other things. I was very focused.

On Wednesday I had History and English exams. I noticed the same that on Tuesday.

Finalmente, la siguiente es una imagen que hizo sobre el concepto que tiene de sí mismo.

(En la cabeza del dibujo aparece escrito: Paz, coraje, lágrimas, fuerza, tristeza, energía, amor, fe, debilidad.)

Jessica

Un caso de colitis, síndrome premenstrual y migraña.

Jessica, de veinte años, viene de una familia tradicional y tiene un hermano menor, de trece años. Ella había tenido problemas de migraña, colitis y síndrome premenstrual desde que entró a la pubertad. Su mamá, que es una persona responsable y se preocupa por la salud, la había tratado con homeopatía y algunas veces con medicina alópata.

Los síntomas ya existentes en Jessica se incrementaban con otros problemas como tensión muscular así como ataques de asma y diversas alergias de forma esporádica. Cuando Jessica vino a nuestra Clínica de Biofeedback debido a que su hermano había sido tratado por un Trastorno de Déficit de Atención y ataques de asma, se ofreció como voluntaria para recibir tratamiento de Biofeedback porque sabía que su hermano se había curado.

En el diagnóstico de Biofeedback de Jessica descubrimos que las medidas fisiológicas que proyectó el Electromiograma, y que se miden en micro voltios, eran inestables y no llegaban al promedio normal que va de 0 a 10 micro voltios. Sus resultados eran como sigue: (2-12) 9 (6-16) 10 (4-14) 8 (5-15) 9 (7-17) 11 micro voltios. Estas medidas indican que su estado homeostático está desequilibrado y que sus ritmos biológicos necesitan ajustarse. Le aplicamos el Electromiograma sobre la frente y en la parte de atrás del cuello para equilibrarla fisiológicamente.

En la segunda y tercera semanas de su terapia se obtuvieron las siguientes medidas: (0-10) 4 (0-10) 5 micro voltios. Estas medidas se mantuvieron estables por cuatro semanas más antes de realizar los primeros cambios.

También descubrimos que sus resulados Electrodermorespiratorios estaban muy bajos y sus medidas eran de 1.1 micro voltios, cuando que el promedio normal es de 0 a 10 micro voltios. Estas medidas se cambiaron y se estabilizaron más tarde.

En el caso de Jessica, los ataques de asma, migrañas y colitis, junto con el dolor crónico antes de su menstruación, era lo que causaba que el Sistema Nervioso Simpático se desbordara, lo cual a veces se acrecentaba con el uso de una medicina para el Simpático que imita la actividad del SNS (Sistema Nervioso Simpático).

Con los ejercicios autogénicos y el uso de los electrodos que miden las actividades respiratorias electrodérmicas disminuimos sus problemas y corregimos su ritmo biológico. La forma en que el Biofeedback actuó en este caso es por medio de una estimulación leve causada por micro voltios que al entrar en su Sistema Nervioso Central alteraban su Fisiología.

Ahora ya no sufre ni de ataques de asma, ni cólicos ni molestias premenstruales, así como tampoco colitis ni dolores de cabeza, y nos ha dicho que después de sólo cinco sesiones ahora está muy contenta y aliviada del dolor y de las enfermedades que sufría. Para poder estabilizar el sistema nervioso central de cualquier paciente es importante mantener el promedio normal de medidas fisiológicas. Si el ritmo biológico no está balanceado, se contribuye a las deficiencias del sistema inmunológico.

Diagrama de modalidades de Biofeedback

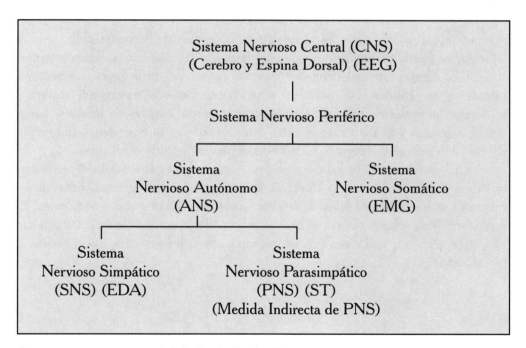

Sistemas nerviosos y modalidades de Biofeedback usadas para obtener sus medidas.

Tomado del Libro del Dr. Criswell sobre Biofeedback y somatización.

Con las deficiencias del sistema inmunológico se generan diversas enfermedades, como en el caso de Jessica. El Biofeedback ayuda a conectar la mente con el cuerpo al tratar a la persona completa.

Por otra parte, la ley de la Secretaría de Salud en Guadalajara, México, en su capítulo que trata sobre la prevención y control de la Infección por el Virus de Inmunodeficiencia Humana, sección 6.1.2, enfoca la atención de las medidas de control de la salud en los tratamientos para las diferentes enfermedades, otorgando una atención preferente a la Inmunología y a la Psicología, en búsqueda de la integración del cuerpo y la mente.

La Secretaría de Salud exige que el tratamiento de pacientes con enfermedades inmunológicas sea un tratamiento que integre la mente y el cuerpo. El Biofeedback es perfecto para tratar pacientes con trastornos inmunológicos puesto que ofrece una terapia de la mente y del cuerpo. Las enfermedades psicosomáticas también pueden tratarse con Biofeedback. Entre estas encontramos el asma, las enfermedades dermatológicas, el insomnio, las alergias, tics, la pérdida del lenguaje, colitis, etc., y en los niños puede detectarse que estos síntomas son causados por factores externos.

El cuerpo humano tiene dos sistemas sensoriales principales: los sentidos Internos y los sentidos Externos. Los sentidos externos son nervios que reciben y transmiten información del ambiente fuera del cuerpo a través de los ojos, nariz, oídos, la lengua y la piel. Los sentidos internos son los que reciben y transmiten información interna del cuerpo, las vísceras, músculos y tejido conjuntivo.

El Biofeedback une los dos sentidos. También hace que los dolores y síntomas invisibles se hagan visibles y a través de diversas aplicaciones y enseñanzas que se realizan con los pacientes éstos, aprenden a controlar sus respuestas corporales. El verdadero Biofeedback clínico se ha convertido silenciosamente en un tratamiento auténtico para un cada vez mayor número de enfermedades neurológicas y psicosomáticas.

Julio César

Un caso de adicción a la marihuana
y de abandono de estudios

Julio César tiene 18 años y llegó a nosotros por medio del DIF, una organización gubernamental con más de 124 centros en el Estado de Jalisco, México. Su trabajo es ayudar a familias y niños del Estado proporcionándoles diversos servicios, uno de los cuales es el diagnóstico de niños con problemas psicológicos y las recomendaciones para su tratamiento. A nosotros nos pidieron que hiciéramos sus diagnósticos para su clínica en Guadalajara.

Cuando conocí a Julio César también conocí a su mamá, quien estaba muy entusiasmada y conmovida con las probabilidades de que curáramos a su hijo. Nos mostró todo tipo de terapias y tratamientos psiquiátricos y médicos que su hijo había tomado, ninguno con resultados satisfactorios. Me hice cargo de este caso por la relación que tengo con la organización para diagnosticar y tratar adecuadamente a los niños con diversos problemas académicos, sociales y familiares. Lo único que pidió Julio César es que su madre no lo trajera a la terapia, ya que él quería venir solo, por lo que le pregunté a la madre si estaba de acuerdo.

Le hice la evaluación con Biofeedback y encontré lo siguiente: Julio César tenía una baja actividad en el electromiograma tanto físico como cerebral. Su actividad en las respuestas electrodérmicas también era muy baja y fue menor al promedio normal. La temperatura era también muy baja, con 83 grados Fahrenheit. El promedio normal es de 79 a 89. Su ritmo cardiaco era de 46 y su pulso de 53, lo cual es bajo para su edad. La actividad de las respuestas electrodérmicas de su piel era muy baja y se colocaba en un rango menor que el normal.

También le apliqué el test HTP (Casa-Árbol-Persona) e hizo los dibujos monocromáticos que se ven en la página siguiente. Su dibujo de la casa indica inseguridad y sentimientos de pérdida de control (Uhlin,1974). Dentro de la casa hay muchas actividades y caos, lo cual indica agitación dentro de la familia.

Cuando una persona dibuja una imagen en forma de animal significa un sentimiento de pérdida y de desequilibrio emocional. En este caso, Julio Cesar dibujó una tortuga que quería volar, pero que después de todo es un animal que se mueve con lentitud y que se cubre a si mismo para protegerse del mundo exterior.

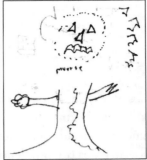

Test HTP

El árbol tiene la forma de una persona muerta. Un árbol sin vida. Estas indicaciones simbólicas mostraban la forma en que Julio César se sentía y sus grandes deseos de cambiar su vida sin saber cómo salir adelante.

En doce sesiones pudimos estabilizar y normalizar la actividad de su EMG I y II, sus respuestas electrodérmicas y su temperatura. Sus resultados en el Biofeedback después de terminar la terapia eran los siguientes: EMG I (0-10) 4.1, EMG II (2-12) 7.4, EDR (1-11) 5.4, TEMP (90-100) 94.4. En la décima sesión con Biofeedback, Julio César manifestó que quería dejar de consumir marihuana y que quería regresar a la escuela para terminar el último semestre de preparatoria.

Me tomé la libertad de llevarlo al Seminario Menor, una escuela católica de sacerdotes que le enseñaría los aspectos espirituales como forma de vida. Puesto que no hay programas de apoyo disponibles para las personas rehabilitadas en Guadalajara, tuve que crear mi propio grupo de apoyo para que las personas sigan bien en el futuro una vez terminada su terapia. Nuestra clínica también le ofreció a Julio César trabajo en ventas y ahora está trabajando a medio tiempo para volverse autosuficiente.

Una de las ventajas del Biofeedback para Julio César es que pudo expresarse completamente al liberar sus sensaciones tanto internas como externas. Su comunicación con las demás personas se hizo más fácil y libre, particularmente con su madre, sus dos hermanas mayores y otros miembros de la familia.

Los dibujos del Test de evaluación HTP en la Terapia del Arte permiten ver el perfil psicológico de una persona, el cual es tan importante como la evaluación física con Biofeedback. Tiene que proporcionarse un tratamiento y terapia centrado en la persona completa si se quiere obtener buenos resultados.

Luis Fernando

Desobediencia en el hogar

Un maravilloso estudiante con buenas calificaciones y un record académico excelente pero insoportable en su casa.

Luis Fernando tiene siete años y medio y su madre nos dijo que no sabe escuchar ni recibir órdenes en la casa, además de que es muy rebelde. Durante un tiempo su madre lo llevó con un neurólogo y le dieron Ritalin. Sin embargo, su actitud y su conducta seguían siendo intolerables. Peleaba, golpeaba y era totalmente desobediente. Lo que resulta interesante es que en la escuela le iba muy bien y tenía una conducta excelente, además de que con sus calificaciones se encontraban entre los diez mejores de la clase.

Al tomar sus medidas con Biofeedback para evaluar sus diferentes actividades fisiológicas me di cuenta de que había variaciones increíbles en todas las áreas, EMG I y II. Fernando tenía resultados arriba de lo normal en la actividad Electrodérmica, y su temperatura era menor al promedio. Esto significaba que probablemente sus glándulas estaban trabajando de más y produciendo humedad excesiva en el cuerpo. El niño sudaba demasiado y esto me preocupaba.

Comencé a tratarlo con el entrenamiento de temperatura y reduciendo sus actividades electrodérmicas, con lo que se reducirían las secreciones de sus glándulas.

Durante las sesiones de terapia hubo tensión y rechazo por parte de su madre. El ambiente que le ofrecimos a Fernando lo hacía sentirse seguro para expresar sus emociones sin las críticas de su mamá. Llevamos a cabo muchos trabajos artísticos como parte de la terapia. También trabajamos con él los cinco niveles de autoestima para desarrollar seguridad, pertenencia, objetivo, identidad y competencia a través de los proyectos artísticos que realizamos con él. La terapia de Biofeedback, al incrementar su temperatura y reducir su actividad electrodérmica, ayudó a reducir su sudoración.

Aquí hay algunos ejemplos de los dibujos que hicimos. Éstos le ayudaron a conectar su mente y cuerpo y a estimular su lado creativo. Uno de sus dibujos más notables es en el que interpretó el arte con palabras en inglés en relación a la forma en que sentía acerca de su vida. Aquí está el ejemplo de cómo utilizó la palabra arte con su doble significado.

Fernando habla muy bien inglés. Me di cuenta de que su Hiperactividad y desobediencia se debían a que se sentía frustrado y enojado. Pensaba rápido y podía responder aun más rápido que su mamá, papá y sus compañeros. Al compararlo con otros, él se encontraba en un cuerpo pequeño que respondía como adulto. Detecté su inteligencia y pude informar al respecto a sus padres para que aceptaran la inteligencia de su hijo como privilegiada. Es un niño superdotado con grandes capacidades.

Tanto la madre como el padre eran gente culta y con una carrera profesional, y juzgué que el llevar a cabo la terapia con ellos era esencial a fin de que ellos pudieran darse cuenta del potencial de su hijo. La Terapia del Arte de Luis Fernando mostró que no tenía control sobre sus sentimientos porque sus papás no aceptaban su inteligencia.

No podía explotar su creatividad ni la inteligencia emocional que tenía, por lo que sentía una necesidad urgente de canalizar toda su energía positiva de forma adecuada. El sentirse restringido lo frustraba, pero en nuestra clínica él pudo liberar todas sus emociones reprimidas y sentirse más relajado.

El entrenamiento con Neurobiofeedback demostró a los padres el alto rendimiento del niño de forma científica, convenciéndolos de que su hijo era un niño superdotado.

En México, los niños superdotados, así como los niños discapacitados, no son tan bien aceptados como en Estados Unidos. Nuestra clínica trabaja con niños y padres educándolos en estas dos áreas. En México existe una vieja teoría que dice que una discapacidad es una maldición de Dios sobre la familia que tiene al niño o adulto discapacitado. De igual manera, un niño superdotado podría ser algún tipo de hechizo, algo nuevo que nadie ha visto o aceptado en la comunidad. Por lo que la alternativa para los padres es darle al niño, tratamiento con medicamentos tales como el Ritalin (Metilfenidato), el Cilert (Remolina) y la Dexedrina (Dextroanfetamina).

Yo empecé con una serie de sesiones de Neurobiofeedback con Fernando. Utilicé el programa de estrés al trabajar con el electroencefalograma. El EEG biofeedback fue muy efectivo y obtuvimos buenos resultados. Aquí hay algunos ejemplos de gráficas durante el tratamiento de EEG con Fernando.

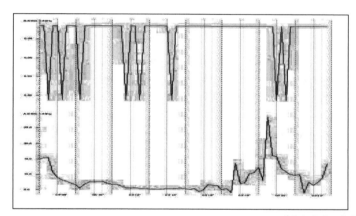

Al inicio del tratamiento

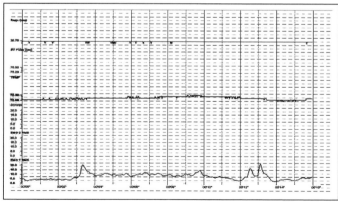

Durante el tratamiento

Ernesto

Trastorno por Déficit de Atención

Ernesto tenía cinco años cuando sus padres lo trajeron a terapia. Él sufría de Trastorno de Déficit de Atención y su madre estaba muy preocupada porque había intentado suicidarse varias veces. Su preocupación se hizo mía y me concentré en el caso más de lo normal. Le diagnostiqué a Ernesto Hiperactividad y sus resultados en ambos EMGs eran extremadamente elevados aunque, como se observa, su test HTP fue normal.

Durante las cinco o seis sesiones de terapia, Ernesto estaba inquieto, no podía tranquilizarse, trataba de moverse y tocarse la cabeza. En la sexta sesión los resultados del EMG I y II estaban tan altos, más de 150 en la escala, que me di cuenta de que no se trataba en absoluto de las interferencias o interrupciones de causas externas que ocurren a veces durante las lecturas de los resultados. De inmediato lo envié con un radiólogo para que le hiciera una tomografía de su cerebro. Yo detecté algo, pero no sabía qué podía ser. Cuando regresaron del radiólogo mis dudas se confirmaron con el diagnóstico de que un gran tumor se anidaba detrás de su cerebro. Recomendé consultar a un neurocirujano colega nuestro y les indiqué que su tratamiento y recomendaciones para terapia posterior las debía hacer el médico.

Ernesto ha recibido terapia con el neurólogo y según su madre el tumor se ha reducido significativamente. Cuando esa terapia termine, la mamá aseguró que lo traerá para tratamiento con Biofeedback para su completo restablecimiento.

Test HTP

Tania

Un caso de Trastorno por Déficit de Atención

Tania tenía nueve años cuando vino a nuestra clínica. Sus padres estaban preocupados porque hablaba constantemente sin parar y también porque la niña era olvidadiza y no podía dormir en la noche. Tania era agresiva con otros, así como con su hermana menor, se mantenía activa la mayor parte del tiempo y era muy impulsiva. Su atención en la escuela era pobre y por eso sus calificaciones estaban por debajo del promedio.

La meta de nuestra terapia era desarrollar su autoestima e incrementar su actividad física de forma apropiada, así como estabilizar su perfil psicológico y corregir sus medidas fisiológicas.

Cuando comenzamos la terapia, Tania empezó a llorar en la primera sesión. Lo único que hice fue decirle que me importaba mucho y que quería que estuviera bien. En México es normal abrazar y besar a los pacientes, mientras que en Estados Unidos uno debe conducirse con más cautela en tocarlos. Al trabajar con Tania me di cuenta de que necesitaba mucha atención y afecto, incluso más que un niño normal.

Cuando les pregunté a sus padres como se comportaba en la casa me dijeron que era hostil y agresiva, y por eso buscaron a un terapeuta en la sección amarilla en la parte de doctores. Estaban buscando una terapia alternativa para su hija y el Biofeedback les pareció interesante. Investigaron desde la ciudad de México en Internet y encontraron nuestra clínica que proporcionaba esos servicios.

Estaban muy preocupados de que tal vez no le habían prestado la suficiente atención a Tania, ya que fue su primera hija y dijeron que no tenían ninguna experiencia como padres. Algunas veces hay problemas y dificultades entre los padres y los hijos puesto que los padres tienen expectativas muy altas de su primer hijo(a).

Empezamos el diagnóstico de Tania con el test psicológico Casa-Árbol-Persona. Su dibujo acromático mostraba la casa en la parte baja de la hoja, lo cual indica inseguridad básica en las situaciones relacionadas con el hogar. (Jolles, 1992). El árbol, dibujado con puntos o picos en la copa, indica hostilidad hacia sí mismo o hacia los padres (Uhlin, 1974).

El dibujo de la persona con piernas cortas indica sentimientos de inmovilidad (Jolles, 1992). Los brazos cortos con manos indican culpabilidad por la hostilidad (Oster and Gould, 1987), o sentimiento de desamparo (Uhlin 1974).

 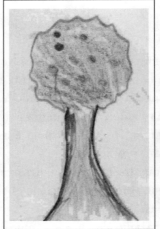 

Test HTP

El test de Tania demostraba coherencia con lo que los padres habían dicho sobre la conducta de la niña. Y su test fisiológico también mostraba que había variaciones en su actividad electrodérmica y en el electromiograma. Ambas medidas están relacionadas estrechamente con la ira y la hostilidad que tenía hacia sus padres.

Lo que queríamos era incrementar su autoestima a través de la Terapia del Arte y estabilizar su actividad fisiológica. Cuando el niño está enojado, la adrenalina se incrementa y por lo tanto este elemento químico produce cambios en las endorfinas del cuerpo. Estos cambios ocasionan trastornos físicos y psicológicos (*Mind, Mood and Medicine for Health*, Institute Cortex for Research and Development Stanford, California William P. Gordon Ph.D).

En el caso de Tania, ella era hostil y agresiva, estaba llena de ira y no era aplicada en la escuela. Su problema no era que no pudiera aprender; de hecho, era muy brillante, algo que después comprobó en la escuela con sus altas calificaciones de 9 y 10. Nuestra terapia tuvo éxito y después de solo 10 sesiones Tania ya estaba dentro de los promedios más altos de su clase y ya no era hostil ni sentía ira. Tanto sus maestros como sus padres reportaron que era una niña completamente diferente y estaban sumamente contentos con ella. El último día que vino a nuestra clínica hizo el dibujo que se muestra en la página siguiente, el cual indica que sentía estar en la cima del mundo.

Tania no ha regresado desde que terminó la terapia y en nuestra llamada de chequeo a los tres meses, los padres me dijeron que estaba aún mejor. Tenía más seguridad en si misma y era mucho más compasiva con ellos.

Ramón

Un caso de artritis reumatoide

Ramón tenía quince años cuando llegó a la clínica. La mamá acompañó a su hijo esperando que el Biofeedback le ayudara a desaparecer la artritis. Las pruebas de laboratorio de Ramón y su historia clínica indicaban que padecía de artritis reumatoide.

Al hacerle las evaluaciones de diagnóstico con Biofeedback descubrimos respuestas muy bajas en todas sus medidas. Sus actividades musculares EMG II en particular estaban por debajo del promedio normal, ya que obtuvo 1.0 en un rango que va del 0-10. Ramón también tenía problemas con la actividad electrodérmica y no sudaba en lo absoluto. Estas medidas también estaban por debajo del rango normal de 0-10, obteniendo 0.85 apenas alcanzando el 1.0.

Empecé enfocándome en aumentar el EMGII y en incrementar la actividad electrodérmica. Una parte del problema de la Artritis Reumatoide es que un antígeno en el cuerpo ataca los músculos, lo cual trae como resultado el que los músculos se inmovilicen. Así, el sistema nervioso central no fluye de manera normal cuando los músculos se encuentran inmóviles.

La respuesta tan baja en las pruebas de Ramón con respecto a las actividades musculares era un indicador de que el sistema nervioso central estaba afectado. La baja respuesta en la actividad electrodérmica era otro signo de que las glándulas de Ramón no producían secreciones de forma efectiva para distribuir la humedad en el cuerpo.

Un caso clásico de artritis reumatoide es cuando las articulaciones del cuerpo se encuentran inmóviles y se vuelven disfuncionales como resultado de la ineficiencia del sistema nervioso central. Ramón también se quejaba de un dolor intenso en las articulaciones de las manos y la parte superior de los brazos.

El dolor también causa inmovilidad y genera otros problemas como trastornos del sueño, falta de apetito, baja autoestima y poco entusiasmo para cumplir con tareas o trabajar en la escuela o en el trabajo.

Otra herramienta de diagnóstico que utilicé fue el Neurobiofeedback con el que descubrí que Ramón tenía muy pocas ondas Beta. Entonces aumenté estas ondas y trabajé en el entrenamiento para equilibrar las ondas Alfa, Beta y Teta. El programa que utilicé fue el Maze y el programa de estrés con la ayuda del entrenamiento EEG y EMG.

También utilicé de forma eventual el entrenamiento de temperatura para recibir medidas indirectas del sistema nervioso parasimpático. Mi objetivo era mantener la longitud de las ondas, igualar las ondas Beta, Teta y Alfa en el cerebro y estabilizar el flujo del sistema nervioso central.

En la octava sesión de terapia, Ramón expresó su alivio del dolor y además indicó que ya tenía más movilidad en las articulaciones de las manos y la parte superior de los brazos. Sus calificaciones eran de 90 y su rostro se veía con más vida. Su mamá nos dijo que ya suda más y duerme mejor en las noches, tiene buen apetito y participa en deportes.

Me di cuenta de que Ramón necesitaba más apoyo médico que apoyo para construir su autoestima. Los padres de Ramón están separados y yo pensaba que su enfermedad estaba en parte relacionada con su psique que estaba lastimada. Me abstuve de realizar trabajos artísticos con él hasta el final de la terapia porque yo quería que él viera cambios físicos y no visuales. Quería que se concentrara en el cambio fisiológico y motivarlo a realizar actividades físicas.

Le pedí a Ramón que hiciera un dibujo del cuerpo y que señalara todas las áreas de los ligamentos, no importa si le dolían o no, y los resultados fueron los siguientes: El color azul significa tranquilidad, sin dolor. El color verde significa relajación y buena actividad. El rojo era el dolor y el Amarillo significa dolor ocasional. Este dibujo es una auto-imagen.

La salud de Ramón, así como su estado de ánimo y su mente, muestran que mejoró aproximadamente en un 80 por ciento y que al final del tratamiento ya había recuperado casi completamente la movilidad de las articulaciones de las manos y de la parte superior de los brazos.

El porcentaje de dolor era del 10 por ciento, mientras que el 90 por ciento se encontraba relajado y en calma. El 10 por ciento de dolor estaba dividido en 2 por ciento de dolor constante, 5 por ciento de dolor eventual y 3 por ciento de sensaciones dolorosas pasajeras. Al descubrir las áreas de dolor y sensaciones dolorosas del cuerpo, le expliqué a Ramón que sus músculos tienen memoria y que algunas veces el 2 por ciento de dolor podría ser psicosomático.

Nuestra sesión final mostró los EMG I y II normales, de 5.7, dentro del rango de 0-10. Las actividades musculares se normalizaron y por esa razón el dolor de Ramón se había disminuido casi totalmente.

La siguiente es una pintura de identificación del dolor, que hizo Ramón después del tratamiento. Los puntos están señalados en azul, lo que significa que el dolor ha disminuido por completo.

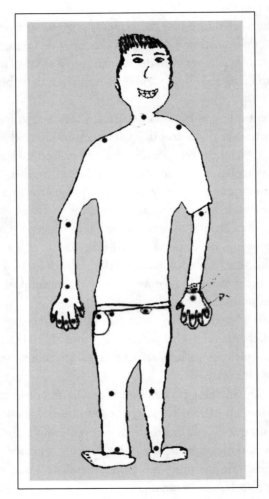

Dibujo de cuerpo entero
con indicación de puntos de dolor

Raúl

Un caso de síndrome de Reynaud
y Trastorno de Déficit de Atención

Raúl es un niño de doce años al que trajo su mamá para que recibiera terapia ya que ella quería ver resultados con el Biofeedback en relación con el Trastorno de Déficit de Atención de su hijo. Raúl tiene una hermana menor de 8 años. Tanto su padre como su madre son profesionistas, su mamá psicóloga y su papá ingeniero.

De lo que más se quejaban los papas de Raúl era de sus malas calificaciones y de su falta de motivación, así como de la falta de comunicación con ellos. Raúl tampoco tenía amigos y jugaba todo el tiempo con su play station. Había estado tomando medicina homeopática para la tos y enfermedades ocasionales, y por mucho tiempo también fue a terapia pero no hubo cambios significativos.

Cuando conocí a Raúl era muy tímido y reservado. Le pedí que me dibujara algo y lo único que hizo fue graffiti, un signo de que escondía su identidad. (S. St. Martin 1996, Condado de Marin, Programa de Educación en las Artes). Después le pedí que dibujara una Casa-Árbol-Persona y, atendiendo las instrucciones "¿cómo te sientes en el bosque?", dibujó muchos pinos monocromáticos, una representación de frialdad ya que se trataba del símbolo de un árbol de invierno.

Yo supuse por medio de sus dibujos, aislamiento, frialdad y problemas para relacionarse. Me di cuenta de esto y durante su tratamiento estuve buscando otros signos que indicaran problemas de salud aparte del Trastorno por Déficit de Atención.

No le diagnostiqué el trastorno como el problema primario, sino más bien como un problema secundario. En su diagnóstico de Biofeedback detecté que tenía las manos muy frías y empecé a inclinarme más hacia la posibilidad del síndrome de Reynaud. En el diagnóstico final me di cuenta de que tenía el síndrome de Reynaud y que por esta razón era distante, frío y se aislaba. Su estado físico estaba en malas condiciones y esto afectaba su aprendizaje y socialización.

Entonces empecé a tratarlo con Biofeedback general: Entrenamiento de Temperatura y de Electrodermorespiración. El objetivo era aumentar la temperatura y reducir la actividad electrodérmica. Después de ocho sesiones de tratamiento y entrenamiento, la fisiología de Raúl había cambiado y ya tenía las manos tibias. Se sentía mucho mejor y podía concentrarse en sus tareas, tenía sentimientos más positivos hacia sus padres y ya llevaba una relación con ellos.

La siguiente vez que le pedí a Raúl, con las mismas instrucciones, que me dibujara la Casa-Árbol-Persona, él dibujó los árboles con colores. Los colores cálidos —amarillos— en los árboles, indicaban que su fisiología había cambiado y que ya no se sentía aislado en lugares fríos. Raúl ya no quería permanecer pasivo y ya habla más y es más sociable. Le está yendo bien en la escuela y está motivado para mejorar en sus estudios.

La terapia del arte también es una gran ventaja en los diagnósticos con Biofeedback ya que proporciona información accesible que viene directamente de dentro del niño y a la que tal vez no podríamos tener acceso si el lenguaje del niño no es verbal.

Antes del tratamiento

Después del tratamiento

Los resultados al terminar la terapia fueron:
- EMG 1   0-10   4.7
- EMG II 3-8   5.35
- Temp   89-99   93.7
- EDR   0-10   4.7

Alejandro Delgado

Un caso de Enuresis

Alejandro llegó a nuestra clínica gracias a nuestra campaña publicitaria en el periódico local *Público*, de Guadalajara. Tenía 12 años en ese entonces. Sus padres habían estado involucrados por los últimos años en varios tratamientos para resolver el problema de su hijo y no habían obtenido ningún resultado. Su visita a nuestra clínica era la última esperanza para resolver el problema de su hijo.

A Alejandro se le examinó tanto física como psicológicamente. En su test HTP demostró tener una baja autoestima y la figura de la madre estaba muy presente y era muy dominante. En muchas de las sesiones de terapia familiar la madre sí resultó ser dominante.

A pesar de que sus resultados en la escuela eran altos, su ambiente social y familiar se veía reducido al mínimo a causa de su incontinencia. La madre era muy controladora, y el resultado de esto era una relación autocrática madre-hijo. Contrariamente a este escenario deseábamos una relación democrática madre-hijo en donde el niño participara como igual en la relación, y con esto se fortaleciera la relación entre ellos, por ejemplo, en la toma de decisiones y las acciones que se realizan dentro y fuera de la casa.

Mis objetivos en la terapia eran incrementar su autoestima y tratar de reducir su actividad electrodérmica. Trabaje holísticamente con este paciente en dos formas distintas: con prácticas tanto internas como externas. Ambas prácticas y entrenamientos se llevaron a cabo al trabajar con la Terapia del Arte en el paciente, así como con Biofeedback. Para las prácticas internas le pedí al niño que dibujara, en forma cinética su imagen corporal y que enfatizara sus debilidades y sus fuezas. El niño dibujó la imagen de sí mismo que se presenta en el lado izquierdo de la página siguiente.

El punto más débil de su cuerpo era su área genital, que dibujó con azul para representar el agua y representar que quería curarla desesperadamente. Su punto más fuerte era el área del pecho y la parte baja de sus piernas, que dibujó en verde. Su cabeza y brazos los dibujó en rojo, representando energía e ira al mismo tiempo.

El tratamiento externo para el niño estaba centrado en el biofeedback, trabajando específicamente con EDA —actividad electrodérmica para reducir la sudoración. La sobreactividad en esta área significa que hay una sobreproducción de secreciones de las glándulas que afecta los flujos normales de los fluidos corporales.

Esta sobreproducción es signo de un sistema nervioso simpático excitado que envía impulsos a las glándulas endocrinas de la superficie de la palma de la mano haciendo que éstas secreten una solución salina que es diferente a la secreción de las glándulas sudoríparas como las de las axilas y otras partes del cuerpo. En el caso de Alejandro, el orinarse en la cama, no se debía a la misma secreción de las glándulas sudoríparas.

En relación al problema específico del paciente, los factores que desencadenaban sus síntomas eran parcialmente externos debido al contexto ambiental y social de su familia, y parte internos en cuanto que él interiorizaba sus síntomas y sentimientos de vergüenza, ira y baja autoestima que finalmente no le permitían encontrar una salida a su situación.

Trabajé con Terapia del Arte y Biofeedback de forma simultánea para eliminar su problema. En una de las últimas sesiones antes de que el niño estuviera listo para terminar su terapia, se sentó muy contento y dibujó la imagen de sí mismo, que se encuentra en la parte superior derecha. Cuando le pedí que me explicara o describiera lo que sentía cuando hizo este dibujo me dijo que no había mojado la cama en tres días. Le respondí "¡que bien!", le dije que estaba orgullosa de él y lo afortunados que somos de tener su imagen artística para poder observar sus cambios. También le dije lo importante que es hacer imágenes en la Terapia del Arte. Entonces se levantó y me dio un beso en la mejilla, y se fue con su mamá. Tuvimos 14 sesiones de Biofeedback y Terapia del arte con él, y una de diagnóstico.

Capítulo cuarto

Integración de cuerpo y mente en el tratamiento

El cuidado paternal de su niño-problema es muy importante

Al niño con problemas de conducta se le debe enseñar a jugar, a recibir elogios y recompensas para promover en él conductas apropiadas. Un buen terapeuta infantil debe ayudar a los padres a aprender a disminuir las conductas inapropiadas a través de un establecimiento de límites efectivo. De hecho, las investigaciones indican que las familias que tienen pocas reglas o estándares claramente establecidos, tienen más probabilidades de tener niños mal portados.

Sin embargo, aunque el claro establecimiento de límites es esencial para que los niños se comporten de forma más apropiada, también es importante recordar que todos los niños ponen a prueba las reglas y estándares de sus padres. Las investigaciones han mostrado que aun los niños normales no cumplen con lo que sus padres les han pedido en una tercera parte de las veces. Los niños pequeños pelean, gritan y patalean y hacen berrinche cuando se les quita un juguete o se les prohíbe alguna actividad que desean. Los niños en edad escolar también discuten o protestan cuando se les prohíbe algo que desean. Esto es una conducta normal y una expresión sana de su necesidad de independencia y autonomía.

Lo que diferencia al niño con problemas de conducta desafiante o en constante oposición de los niños normales, es que el primero se rehúsa a cumplir con lo que los padres le han pedido en dos terceras partes de las veces, es decir, el padre se ve envuelto la mayor parte del tiempo en una lucha de poder con su hijo o hija para que éste o ésta haga lo que se le pide. Y ese alto índice de incumplimiento hace muy difícil para los padres, para relacionarse adecuadamente con los hijos.

¿Porqué se resisten los niños a cumplir con los mandatos de sus padres?

Como sabemos, los niños de forma intuitiva ponen a prueba las reglas de los padres no sólo para expresar su individualidad, sino también para ver si sus padres serán congruentes. Sólo al romper una regla los niños pueden determinar si se trata realmente una regla o es únicamente una orden pasajera. Y sólo si los padres aplican las consecuencias prometidas para la mala conducta, los niños aprenderán que se espera una buena conducta.

Si las reglas de los padres no han sido congruentes en el pasado, si no han reafirmado las reglas o lo han hecho de forma inconsistente, entonces las protestas de los niños y sus faltas, se incrementarán. Esos niños han aprendido por medio de la experiencia que si protestan durante el suficiente tiempo y con la suficiente energía, pueden hacer que sus padres retrocedan.

Reforzar a los padres su sentido de autoridad en relación a la forma en que establecen los límites y responden a las protestas de los niños, puede ayudar a detener los efectos conflictivos de estas presiones estresantes sobre sus habilidades para educar.

- Dé órdenes cortas y precisas.
- Dé una orden a la vez.
- Utilice órdenes que especifiquen claramente la conducta que espera.
- Sea realista con sus expectativas, aplique órdenes adecuadas a la edad de cada niño.
- No utilice órdenes de omisión, por Ejem. "deja de..."
- Dé las órdenes de forma cortés
- No amenace a los niños
- No dé órdenes innecesarias
- Utilice órdenes especificando el dónde y cuándo.
- Dé opciones a los niños siempre que sea posible.
- Dé a los niños amplia oportunidad de cumplir las órdenes.
- Recompense el cumplimiento o aplique las consecuencias por en no cumplimiento.
- Dé advertencias y recordatorios útiles.
- Apoye las órdenes de quienes compartan con usted la autoridad.
- Trate de mantener un equilibrio entre la autodeterminación del niño y la autoridad de los padres.
- Promueva la solución de los problemas con sus hijos.

Acerca del efecto de los medicamentos

De acuerdo con investigaciones recientes sobre el Déficid de Atención en los niños, tradicionalmente, la medicina alópata convencional indica el uso de ciertos fármacos que sólo actuan como estimulantes temporales y afectan la salud psicológica y fisiológica del niño: de acuerdo con el trabajo del Dr. Solórzano, Profesor de Farmacología del CUCS de la Universidad de Guadalajara y Presidente de la Asociación de Biofeedback en Guadalajara, se demuestra que las drogas usadas para el tratamiento de los trastornos del déficit de atención no son la única espuesta a sus necesidades, sino que están incluidas dentro de muchas alternativas.

El efecto de los Medicamentos en los niños

Por el Dr. Héctor E. Solórzano del Río

Una de las áreas más grandes de crecimiento en la medicina, particularmente en los países desarrollados, es el problema de los niños. Sus síntomas, en vez de ser "difíciles de manejar" ahora se denotan por medio de una variedad de eufemismos médicos dominantes —hiperactividad, desorden de déficit de atención, hiperquinesia, daño mínimo cerebral y disfunción mínima cerebral.

Estas etiquetas, todas llenas de patología orgánica seria son poca cosa para el tipo de niño que simplemente no puede estarse quieto, no puede concentrarse, tiene dificultad para fijarse en el tiempo, para comer o dormir, no puede adaptarse a nuevas situaciones, hiperreacciona a nuevos estímulos y tiene un comportamiento impredecible, impulsivo y frecuentemente destructivo, hace de la vida un infierno en la tierra para cada miembro de la familia.

El tratamiento estándar para la hiperactividad, son medicamentos estimulantes del sistema nervioso central como el metilfenidato, los cuales tienen efectos paradójicos en los niños, en vez de animarlos, los estimulantes en general (incluyendo la cafeína) los narcotiza en un estado calmado y soporoso. Y ahora la tendencia más reciente tomada por la medicina convencional, es culpar a los genes.

Un estudio clínico (NEJM 8 Abril de 1993) concluyó que los niños hiperactivos tienen algo en su carácter que les causa tener una resistencia generalizada a la hormona tiroidea. En otras palabras, están inquietos porque su glándula tiroidea no está regulando apropiadamente.

En 1973 el alergólogo pediatra, el Dr. Ben Feingold introdujo la entonces novedosa teoría de que los alimentos que contienen salicilatos, substancias parecidas a la aspirina tales como los colores artificiales y los sabores artificiales eran los principales responsables de la hiperactividad. Encontró que en los niños, la reducción en la ingesta de azúcar o aditivos artificiales o inclusive el descubrimiento de posibles alergias, podrían ayudarlos.

Varios estudios clínicos en niños hiperactivos o con otras alteraciones del comportamiento han demostrado una mejoría importante con una dieta de eliminación de los alimentos a los que son hiperreactivos (Egger J. *et al.* *"Controlled trial of oligontigenic treament in the hyperkinetic syndrome"*, *Lancet* 1: 540-5-1985).

Como todos sabemos existe un tipo de deficiencias nutricionales inducidas. Estas deficiencias pueden estar inducidas inclusive por metales pesados y en el caso de los niños con hiperactividad hemos encontrado en muchos casos niveles altos de aluminio, plomo o mercurio (*J. Child Psicol. Psychiatry* 30(4): 515-28, 1989)

Cada vez más personas y más médicos ponen énfasis en la importancia de la buena alimentación, no sólo para la prevención sino también para el tratamiento coadyuvante de cualquier enfermedad.

En muchos casos los pacientes requieren de manera definitiva del uso de medicamentos convencionales (alopáticos). Sin embargo, hasta el momento casi no había información accesible y confiable que nos hablara acerca de las interacciones entre los nutrimentos y los medicamentos convencionales.

En la actualidad se conocen y reconocen literalmente cientos de interacciones entre los nutrimentos y los medicamentos convencionales. Hoy hemos corroborado que algunos problemas de salud se pueden desarrollar cuando la gente toma medicamentos convencionales que causan que sus cuerpos pierdan ciertos nutrimentos. El nombre científico de este fenómeno es "deficiencia nutricional inducida por medicamentos". Este es un asunto de vital importancia no sólo para los médicos sino para el público en general ya que afecta a millones de personas en todo el mundo.

La verdad es que muchos de los efectos colaterales de los medicamentos convencionales pueden deberse realmente a las deficiencias nutricionales que son causadas por estos medicamentos, especialmente cuando se toman por largos períodos de tiempo.

En un estudio doble ciego, a un grupo de niños con desorden de déficit de atención y niveles bajos sanguíneos de serotonina, se les administró vitamina B-6 oral. Los niveles de serotonina aumentaron y fue más efectiva que el metilfenidato en disminuir la hiperquinesia y en contraste con el metilfenidato, su beneficio continuó en el periodo siguiente del placebo (Coleman M. *et al*. *"A preliminary study of the effect of pyridoxine administration in a subgroup of hyperkinetic children: A double-blind cross over comparison with methylphenidato"*. *J. Biol Psych*, 14 (5): 741-51, 1979).

En la mayoría de los niños hiperactivos que hemos examinado en nuestros estudios, hemos encontrado deficiencia de alguno o varios ácidos grasos esenciales. Algunos niños no pueden metabolizar normalmente el ácido linoléico, otros no pueden absorber a estos ácidos esenciales en forma normal del intestino. Y en un grupo pequeño de niños, sus requerimientos de ácidos grasos esenciales son más altos que lo normal. En casos raros, hemos encontrado niños que son afectados por la leche o el trigo produciéndoles una elevación en las exorfinas en el intestino lo cual puede bloquear la conversión de ácidos grasos esenciales en prostaglandina E-1 (Colquhouan I. Bunday, S.A. *"Lack of essential fatty acids as a possible cause of hyperactivity in children"*. *Med Hypotheses* 7:673-9, 1981).

También hemos encontrado que muchos niños hiperactivos son deficientes en zinc. Este mineral se requiere para la conversión de los ácidos grasos esenciales en prostaglandinas.

En un estudio clínico se encontró que muchachos hiperactivos tenían niveles más bajos de zinc en la orina, en la sangre, en el cabello y en las uñas que un grupo de control, aunque no hubo diferencia en los niveles de zinc en la saliva —sugiriendo otra vez que en los niños hiperactivos, se retiene menos zinc en el cuerpo (*J Nutr Med* 1:51-57, 1990).

En la literatura médica podemos encontrar varias referencias bibliográficas en donde se corroboran nuestros encuentros.

En casos raros algunos autores han encontrado niveles anormalmente altos de cobre. Esto es importante ya que el cobre elevado inhibe a la enzima necesaria para la producción de serotonina. Algunos investigadores alemanes han encontrado una relación entre la ingesta excesiva de fosfato y la hiperactividad en los niños. Un estudio de niños hospitalizados hiperagresivos ligó a la ingesta de fosfato con el comportamiento agresivo (Heildeiberg).

En un estudio de niños hiperactivos quienes habían tomado metilfenidato durante 2 años o más, se les encontraron descargas eléctricas anormales en la región temporal según el electroencefalograma. En exámenes de sangre, se encontraron niveles muy bajos de calcio. Inclusive, en algunos casos el aumento en la ingesta de leche resultó en una mejoría marcada del comportamiento (Walker S. III *"Drugging the American Child we´re too cavalier about hyperactiv"*. J. *Learning Disabil* 8: 354, 1975)

Algunas de las reacciones adversas del metilfenidato son cefalea, somnolencia, mareos, taquicardia, arritmias, náuseas, vómitos, urticaria, fiebre, leucopenia y aparentemente hasta dependencia.

La cocaína y el metilfenidato usan los mismos sitios de receptores en el cerebro, produciendo la misma sensación de elevación en el estado de ánimo. La diferencia es que la cocaína deja sitio al receptor más rápido.

El metilfenidato y la cocaína estimulan la producción de la dopamina que es un neurotransmisor cerebral. Se cree que los niños con déficit de atención tienen niveles bajos de dopamina (*J Neurosci*, 2001; 21: RC121). Es decir que el metilfenidato no es un estimulante débil.

La psicosis y la depresión se pueden ver como síntomas del síndrome de abstinencia después del uso a largo plazo del metilfenidato (*Am J Psychiatry*, 1979; 136: 226-8). Los síntomas del síndrome de abstinencia son un signo de adicción.

Parece que el metilfenidato afecta en forma adversa el crecimiento en la niñez. Algunos investigadores siguieron clínicamente a niños que tomaban metilfenidato por un promedio de tres años y anotaron en sus expedientes su altura y peso hasta la edad de 22 años. Encontraron que los niños que recibieron dosis más altas de metilfenidato fueron significativamente más bajos como adultos (*J Am Acad Child Adolesc Psychiatry*, 2000; 39: 517-24).

Un grupo de pediatras Alemanes recientemente descubrieron que el metilfenidato tiene efectos directos sobre la pituitaria, la glándula que controla la producción de la hormona del crecimiento (*J Child Adolesc Psychopharmacol*, 2002; 12: 55-61).

Entre 1990 y el año 2000 la División de Fármacovigilancia y Epidemiología de la FDA cotejó 186 muertes y 569 hospitalizaciones debido al metilfenidato, principalmente por sucesos en el sistema nervioso central o periférico.

Los que están a favor señalan los buenos resultados en el salón de clase, donde aparentemente el metilfenidato reduce el comportamiento impulsivo. Los que están en contra, dicen que el medicamento no mejora las pruebas del IQ, el rendimiento académico ni las habilidades en el aprendizaje.

El metilfenidato es ahora uno de los medicamentos más prescritos a los niños en los Estados Unidos con más de 6 millones de prescripciones al año acercándose a los 500 millones de dólares en ventas anuales.

En estudios sobre pruebas de toxicología en ratones, un número significativo desarrolló tumores hepáticos. Algunos de los tumores eran malignos conocidos como hepatoblastomas (*Toxicology, 1995;103:77-84*).

En algunas escuelas la tasa de prescripción es alta con 10 % de todos los niños y un sin precedente 20% de los alumnos de quinto grado tomando metilfenidato (*Am J Publ Health*, 1999; 89: 1359-64). Es algo muy difícil de creer.

Un neurólogo de la Universidad de Michigan, el Dr. Ronald Chervin cree que algunos niños hiperactivos requieren dormir. Se ha visto que un gran número de niños con hiperactividad sufre de alteraciones del sueño. Así que si los niños manifiestan somnolencia durante el día de distinta manera que los adultos, la hiperactividad podría ser un recurso para mantenerse despiertos

En mi opinión de acuerdo a los comentarios expresados por el Dr. Solórzano, encuentro que los factores que afectan la conducta física y mental del niño son ambientales al 50% y el otro 50% debidos a factores biológicos, ya que se ha encontrado evidencia de que la influencia de la luz, el sonido y las imágenes de un mundo violento y con demasiadas dificultades, en común con los valores socio culturales de la familia, son los precursores de los problemas sobre el comportamiento de los niños a nivel mundial; se trata, pues, de un problema generacional.

Este problema generacional ha sido cíclico y nos demuestra como hemos avanzado en las definiciones, ya que en el pasado también existía este tipo de síndrome, pero debido a la falta de investigación no se reconocía.

Este ha sido mi propósito general al trabajar en las escuelas de Estados Unidos y la promoción de este tipo de terapias en el Estado de Jalisco, para remplazar el uso de fármacos en los problemas de déficit de atención y más problemas de salud en los niños.

La espiritualidad en los niños

Una de las razones principales por las que nuestros niños tienen problemas para formar una actitud positiva es que nosotros, los adultos, no les estamos transmitiendo ni la esperanza, ni la motivación, ni la determinación necesarias para enfrentarse al futuro.

Desafortunadamente, los adolescentes tienen muy poca perspectiva histórica a la cual recurrir para aprender de las experiencias de sus antepasados. Se ven limitados al presente y al futuro, y por esto forman sus actitudes y estados de ánimo a partir del clima que prevalece actualmente acerca del presente, y las actitudes actuales que prevalecen acerca del futuro.

¿Porqué habríamos de pensar que es raro que los jóvenes estén tan influidos por la televisión y por grupos de intereses especiales? Se puede entender fácilmente que un no-creyente o una persona no-espiritual se sienta desorientada y confundida ya que no puede encontrar el ancla de paz y esperanza que Cristo quiere que todos alcancemos.

La tecnología del mundo, con su era de la información y confusión masiva, está inundando el cerebro de nuestros jóvenes que ya no son capaces de amar a los demás y son intolerantes casi de todos los cambios u obstáculos que se presentan en su camino. Yo quisiera que nuestros adolescentes recibieran mensajes de esperanza, paz, motivación y desafío. Pero nuestros adolescentes han perdido el contacto con su herencia espiritual.

Los padres deben enseñar a sus hijos el interés por lo espiritual. Deben enseñarles no sólo conceptos espirituales, sino cómo aplicarlos en su vida diaria, lo cual no es fácil. Usted necesita ayudar a su adolescente a entender a los personajes bíblicos y los principios particulares que le aportan. Usted debe estar dispuesto a pasar tiempo a solas con su adolescente para poder satisfacer sus necesidades tanto emocionales como espirituales.

Entre más aprenda el adolescente a confiar en Dios, más fuerte se volverá. Los padres deben ser ejemplos de perdón. Un adolescente debe aprender a perdonar y a encontrar el perdón tanto de Dios como de las personas. Reconocer los propios errores es una forma de enseñar a perdonar a los adolescentes. Dios nos da esperanza, y la esperanza no es solo un pensamiento ilusorio.

La autoestima en los niños

Desarrollar la autoestima de los niños es muy importante cuando se lleva a cabo cualquier intervención terapéutica. El programa de desarrollo de la autoestima a través de la creatividad y de las artes en las escuelas no sólo obtuvo el reconocimiento de nuestra cultura pluralista en la comunidad, sino que también presentó la estética en la educación.

El concepto de sí mismo es el conjunto de todas las creencias, actitudes y opiniones que una persona considera como la verdad sobre sí misma. Es la suma de todo lo que una persona se dice a sí misma. Estos pensamientos o imágenes de sí mismo pueden surgir de comentarios de otros o de la propia imaginación, y pueden ser positivas o negativas, exactas o inexactas. Sin embargo, son lo que una persona considera como la realidad. Estos pensamientos o creencias de sí mismo son los que determinan el comportamiento de un individuo.

La manera en que una persona se juzga a sí misma influye en el tipo de amigos que elige, en la manera en como se relaciona con otros, en el tipo de persona con la que se casa y qué tan productivo será. Afecta su creatividad, integridad, estabilidad e incluso determina si será líder o seguidor. Sus sentimientos que ella tenga acerca de lo que ella vale, y que surge del núcleo de su personalidad, determinan el uso que ella hará de sus aptitudes y habilidades. La actitud hacia sí misma tiene una influencia directa en la forma en que vivirá todos los aspectos de su vida. De hecho, la autoestima es el resorte principal que impulsa a un niño hacia el éxito o el fracaso como ser humano —Dorothy Briggs, *Your Child Self Esteem*.

El Programa de Educación en las Artes para el desarrollo de la autoestima en las escuelas, es un proyecto que se creó en 1993 y que surgió en la Universidad Estatal Sonoma. El programa establecía diversos planes de acción para solucionar las diferentes necesidades educativas y sociales dentro de la comunidad. El Centro Comunitario de Aprendizaje Creativo se formó para unir los proyectos de acción de la Universidad y la Comunidad. Lo que se pretendía era lograr que diversas organizaciones del área de la educación y los negocios se interesaran de forma activa en la salud y bienestar educativos de nuestros niños del Condado de Marin.

De l994 a l999 apliqué cerca de 1,000 tests por año a niños antes y después del Programa de Autoestima y trabajé conjuntamente con la Dra. Rose Bruce, Directora de Estudios de Evaluación y Análisis en la Universidad Estatal Sonoma. Nuestras investigaciones indicaron que las artes eran importantes para el desarrollo y mejoría en la educación de los niños.

Los tests mostraron pequeños cambios, pero los dibujos de antes y después del proyecto mostraban cambios significativos en el concepto de si mismo y en el perfil del niño. Tanto las investigaciones cualitativas como las cuantitativas mostraban cambios. A pesar de que los incrementos de los resultados de la investigación cuantitativa no eran tan grandes como esperábamos al hacer el recuento, sí mostraron un cambio. Los maestros, padres y el resto del personal, expresaron que había cambios significativos en la actitud de los alumnos o hijos en casa y en las escuela.

¿Porqué usar el Biofeedback y Neurobiofeedback en los diagnósticos?

Al tratar a niños con problemas de salud como ADD, hiperactividad, Síndrome de Reynaud, asma, alergias, artritis, colitis, PMS, insomnio, trastornos de aprendizaje, etc., el Biofeedback y el Neurobiofeedback son procesos que conectan inmediatamente la mente con el cuerpo. Este estado de unión de la mente y el cuerpo como una forma de estar en el mundo, tiene diversas ventajas. Esto nos capacita para comprender el impacto del ambiente en nuestro físico. Además muestra gráficas científicas en donde uno puede observar los cambios en cada sesión. También confirma el desarrollo de la persona en el tratamiento.

Según Descartes, el sociólogo, antropólogo y psicólogo francés, la división de la mente y el cuerpo puede ocasionar desconcierto y separación entre la parte psicológica y la parte fisiológica de una persona. Para lograr esta unificación de la mente y el cuerpo es esencial estar conciente de lo que le está sucediendo a una persona. Algunas veces es difícil saber lo que pasa porque el sentimiento o síntoma es invisible o esta escondido.

Tanto el Biofeedback como el Neurobiofeedback hacen visibles los síntomas y dolores invisibles, y por medio de diversas aplicaciones y enseñanza sobre los procesos fisiológicos, los pacientes aprenden a controlar sus respuestas corporales. El Biofeedback clínico auténtico se ha convertido poco a poco en un tratamiento real para un creciente número de males neurológicos y psicosomáticos. La razón es que ambos métodos tratan de forma integral la mente y el cuerpo.

Actualmente ya se acepta este tratamiento en México de forma más abierta y nuestro grupo de doctores, psicólogos y otros profesionales de la salud trabajan constantemente para la enseñanza y expansión de esta disciplina en el país. Ofrecemos cursos certificados a nivel nacional sobre Biofeedback, Neurobiofeedback y Terapia del Arte. Hemos desarrollado complementos vitamínicos naturales y un gel de baño que favorecen la buena salud y el bienestar de los niños.

Nuestra clínica en Guadalajara ofrece evaluaciones diagnósticas con Biofeedback y Terapia del Arte, además de evaluación y tratamiento de la mente y el cuerpo con Biofeedback y Neurobiofeedback en lo referente a la medicina, psicología, fisioterapia y educación.

Uno de mis grandes hallazgos durante mi práctica profesional fue que a casi todos los niños que han necesitado terapia les faltaba afecto. Cuando les mostraba mi entusiasmo y afecto comenzaban a llorar extremadamente conmovidos. Esto para mi era un signo de que el niño había sanado y de que ya podía enfrentarse a cualquier reto. Carl Jung indicó que la purificación del cuerpo era esencial para la trascendencia, y el llanto para mi era un signo de que los niños estaban purificando su cuerpo al llorar en mi oficina.

Termino con estas palabras del Señor: *Ámense unos a otros como a sí mismos*, frase inscrita en las sagradas escrituras. Este es mi mensaje para los doctores, maestros, padres de familia, hijos y para toda la comunidad.

Bibliografía

American Association of University Women (1995).

    What works for school girls.

Briggs, D.

    Your child's self-esteem.

Cay Drachnik, M.A., A.T.R BC., H.L.M., MFCC (1995)

    A Manual Interpreting Metaphors in children's Drawings. Abbeygate Press
    Burlingame, CA

Conoly, J. C., & Kramer, J. J. (Eds.). (1989)

    Tenth mental measurements yearbook. Lincoln, NB: Buros Institute.

Criswell, E.(1995)

    Biofeedback and Somatics, Toward persoanl evolution. Novato California Free Person
    Press.

Fine, G. A., & Sandstrom, G. Knowing

    Children: Participant Observation with Minors.

Galton, F. (1883).

    Inquiries into human faculty and its development. London: Macmillan.

Galton, F. (1979).

    "Psychometric experiments". *Brain, 2,* 149-162.

Gardner, H. (1987).

    Developing the spectrum of human intelligence. Harvard Educational Review, 57(2),
    187-193.

Gardner, H (1989).

    Multiple intelligences go to school. Education Researcher, 18(8), 4-10.

Ginsburg, H., & Opper, S. (1988)

    Piaget's theory of intellectual development. 3rd ed. Englewood Cliffs, NJ: Prentice
    Hall.

Goodenough, F. L. (1926)

Measurement of intelligence by drawings. New York: Harcourt, Brace and World.

Goodenough, F. L. (1949).

Mental testing: Its history, principles, and applications. New York: Rhinehart.

Goslin, D. A. (1963)

The search for ability: Standardized testing in social perspective. New York: Russell Sage Foundation.

Harris, D. B. (1963)

Children's drawings as measures of intellectual maturity. New York: Harcourt, Brace and World.

Itten, J. (1961)

The art of color. New York: Reynold Publishing Company.

Lewis, P.

Creative transformation: The healing power of the arts. Wilmete, IL: Chiron Publications.

Lovell, S. (1993)

Loving body is embracing spirit: How Authentic Movement transforms being. In E. Virshup (Ed.), California art therapy trends (pp. 291-305). Chicago: Magnolia Press.

McNiff, Saun, Ph. D., ATR, HLM (1998)

Arts as Medicine. London: Jessica Kinstrey Publishers

McNiff, Shaun, Ph. D., ATR, HTLM (1999)

"Art as Medicine", in *Art Therapy Journal*, vol. 16, num. 3

Mindel, A. (1982)

Dream Body. Boston: Sigo Press

Miron, Louis F. (1999)

"The Center Cannot Hold: The Image of Education and The Move Toward Plurality Research", paper presented in *Reclaming Voice Conference: Ethnographic Inquiry & Qualitative Research in a Posmodern Age Conference*. Irvine, CA

Mitchell, J. B. (Ed.). (1985)

Ninth mental measurements yearbook. Lincoln, NB: University of Nebraska Press

Oakland, T. D., & Dowling L. (1983)

The Draw-a-Person test: Validity properties for nonbiased assessment. Learning Disability Quarterly, 6, 526-534.

Peters, T. (1995)

Addressing the healing power of imagery: Making a Forest. Speech delivered to Amercan Association of University Women and American Art Therapy Association, June 8, Novato CA.

Piaget, J. (1926)

Judgment and reasoning in the child. New York: Harcourt, Brace and World.

Piaget, J. (1952)

The origins of intelligence in children. New York: International Universities Press.

Piaget, J. (1967)

Six psychological studies. New York: Random House.

Piaget, J. (1972)

The psychology of intelligence. Totowa, NJ: Littlefield Adams.

Reasoner, R. (1982)

Building self-esteem: A teacher's guide and classroom materials. Palo Alto, CA: Consulting Psychologists Press.

Sierra, D. V., & Montemayor, L M. (1994, July)

Applications of psychoballet in a center of special education. Paper presented at the 23rd International Congress of Psychology, Madrid, Spain.

Silver, R. (1989)

Stimulus drawings and techniques

Silver, R. (1993)

Silver drawing test of cognitive skills and adjustment

St. Martin, S. (1994)

Art Therapy in the Schools Program Listening to children's voices through the images they create. A Manual presented to the Marin County School District and Healh and Human Services. Art Therapy in the Schools.

St. Martin, S. (1995).

Integrating Art and Technology. Paper presented at the Third Midwinter Conference on Project-Based Leraning, Autodesk Foundation Intern Program, San Rafael, CA.

St. Martin, S. (1999)

Curso Certificado Universidad De Guadalajara Aplicación en Terapia De Arte Auto descubrimiento – Psicofisiológico.

St. Martin, S. (1999)
> *My Flowers Spirit of Persia Poems of three Generation of Qajar Women.* Kazi Publication.

St. Martin, S. (1999)
> *Armond Hammer Museum Royal Persian Paintings Exibition.* History Persian Coffee House

St. Martin, S. (1999)
> *Traditional and Contemporary Women of Iran.* Union Institute, Cincinnati Ohio Doctoral Dissertaion

St. Martin, S. (2000)
> *Art Therapy Historical and Educational Applications.* Iranian Womens Studies Foundation

St.Martin, S. (2000)
> *Aplicación en Terapia de Arte. Auto descubrimiento Psicofisiologico y Biofeedback.* Course Presentation Guadalajara, Jal. II International Seminar on Ninos Sobresalientes

St. Martin, S. (2000)
> *Presentation paper on Art Therapy and Aging.* II Congreso International de Gerontologia , Geriatria, Biotecnologia y Medicina Aerospacial for the University of Autonoma Guadalajara

St. Martin, S. (2001)
> *Biofeedback News Journal.* Guadalajara, Jalisco

St. Martin, S. (2002)
> Biofeedback News Journal. Guadalajara, Jalisco

St. Martin, S. (2003)
> Biofeedback News Journal. Guadalajara, Jalisco

St. Martin, S., & Morgan, J. ((1996)
> *Enhancing Learning through Relevance.* Fourth Midwinter Conference on Project-Based Learning, Autodesk Foundation Intern Program, San Rafael, CA

Sweetland, R. C. & Keyser, D. J. (1987)
> *Tests: A comprehensive reference for assessments in psychology, education and business.* Kansas City, MO: Test Corporation of America.

Thomas Hanna (1988)
> *Somatics,* Cambridge Ma. Perseus Books

Weschler, D. (1944)
Measurement of adult intelligence. 3rd ed. Baltimore: Williams & Wilkins

ÍNDICE

NOTAS

NOTAS

NOTAS

NOTAS

NOTAS

NOTAS

NOTAS

NOTAS

Por qué el déficit de atención en los niños

se terminó de imprimir
en los talleres de Color Cuatro
en Guadalajara, Jalisco
el mes de octubre de 2003

La producción estuvo a cargo de

FLUXUS / asesoría y servicios culturales

fluxus01@hotmail.com